発達障害を考える 心をつなぐ

付き

特別支援教育をサポートする

読み・書き・計算
指導事例集

宮城学院女子大学教授
梅田真理 編著

ナツメ社

はじめに

子どもが感じている困難から支援方法を考える

　子どもたちは本来、「いろんなことを知りたい」「新しいことを知りたい」という知識欲をたくさん持っていると思います。ですから、学校に入るときには、「これからどんな勉強がはじまるのだろう？」と期待に満ちた気持ちでいるはずです。

　学校の勉強は「学級」という集団で行われることが多く、集団全体が、ある程度同じペースで学習を進めることが必要とされます。

　しかし、子どもたちの発達は本当にひとり一人違っていますから、学ぶ早さも理解の度合いも違って当たり前です。私は、ここに大きな矛盾があると思っています。

　ですから、学習の早さについていけなかったり、特定の領域の学習につまずいたりする子どもがいることを当たり前と考え、「どうもほかの子どもと同じペースで学習が進まないなぁ」などと感じたら、その子どものことをよく見て、何で困っているのかを知ろうとしていただきたいと思います。なかには、すでに障害名がはっきりしている子どももいるかもしれません。たとえば、書くことの困難は、自閉症やADHDのある子どもにも見られることがあります。しかし、学習の指導においては、障害でくくることにあまり意味はないように思います。「○○障害だから」ということが指導の方針を決める中心になるのではなく、その子どもがつまずいていること、困難に感じていることからスタートすることが肝心です。

　この本の執筆者の先生方は、通常の学級や通級指導教室、特別支援学級などで、支援の必要な子どもたちの指導に当たっておられます。この本では、学習の初期の段階に示しやすい「つまずき」について、その先生方が実際に学校現場で行われている指導の実践を、わかりやすく紹介しています。

　皆さんが指導に当たられているお子さんに「ぴったり当てはまる」ということは少ないかもしれませんが、この本の実践を、目の前のお子さんへの指導方法を考える、きっかけにしていただければと考えています。身の回りにある材料で簡単に作れる教材やアイデアも、たくさん収録しました。

　目の前のお子さんへの指導に、役立てていただければ幸いです。

梅田　真理

contents

本書の使い方 6

解説

気になる子どもが抱えている困難 9

- 子どもの示す困難を早く見つけることの大切さ
- 気になる子どもの気づき
- 気になる子どもの困難

実践事例 1

「読む」ことにつまずく子ども

どうして？「読む」ことにつまずく子ども 18

1. ひらがなの読みが覚えられない① 20
2. ひらがなの読みが覚えられない② 22
3. ひらがなの読みが覚えられない③ 24
4. ひらがなの読みが覚えられない④ 26
5. ひらがなを単語のまとまりで読めない① 28
6. ひらがなを単語のまとまりで読めない② 30
7. ひらがなを単語のまとまりで読めない③ 32
8. スムーズに読めず逐次読みになる① 34
9. スムーズに読めず逐次読みになる② 36
10. カタカナが正しく読めない① 38
11. カタカナが正しく読めない② 40
12. カタカナが正しく読めない③ 42
13. 適切な速さで読めない（早い／遅いなど） 44
14. ひらがな・カタカナ・漢字の混ざっている文がスムーズに読めない ... 46
15. 文字や行などを飛ばして読む 48
16. 省略したり置き換えたりして読む（勝手読み） 50
17. 似ている文字を間違えて読む 52
18. 漢字が読めない① 54
19. 漢字が読めない② 56
20. 漢字の音読み・訓読みが正しくできない 58

21. 音読はできるが意味の理解が難しい①(国語) ………………… 60

22. 音読はできるが意味の理解が難しい②(算数) ………………… 62

column 子どもの意欲を引き出すために ………………… 64

ふろく ………………… 65

実践事例 **2**

「書く」ことにつまずく子ども

どうして? 「書く」ことにつまずく子ども ………………… 70

1. ひらがなが書けない①覚えて書けない ………………… 72

2. ひらがなが書けない②手指の動きがぎこちない ………………… 74

3. カタカナを覚えて書けない ………………… 76

4. ひらがなやカタカナが書けない ………………… 78

5. 筆圧が安定しない(弱い/強い) ………………… 80

6. 文字の形が整わない・マス目からはみ出てしまう① ………………… 82

7. 文字の形が整わない・マス目からはみ出てしまう② ………………… 84

8. 正しい書き順を覚えられない ………………… 86

9. 漢字を覚えて書けない① ………………… 88

10. 漢字を覚えて書けない② ………………… 90

11. 漢字を覚えて書けない③ ………………… 92

12. 漢字の字形が整わない ………………… 94

13. 漢字の送り仮名が覚えられない ………………… 96

14. 見て書くことが難しい①単語をまとまりで覚えて書けない ……… 98

15. 見て書くことが難しい②黒板のどこを見るのかわからない ……… 100

16. 聞いて書くことが難しい ………………… 102

17. 作文が書けない① ………………… 104

18. 作文が書けない② ………………… 106

19. 句読点が抜ける① ………………… 108

20. 句読点が抜ける② ………………… 110

column 保護者や通常の学級の担任とうまく連携するために … 112

ふろく ………………… 113

実践事例 3 「計算する」ことにつまずく子ども

どうして？「計算する」ことにつまずく子ども ……… 118

1. 数を正しく唱えられない ……… 120
2. 数を数えたり、覚えたりすることが難しい ……… 122
3. 数を量としてとらえられない ……… 124
4. 10の合成・分解が難しい① ……… 127
5. 10の合成・分解が難しい② ……… 130
6. 引き算の意味がわからない ……… 132
7. くり上がり・くり下がりの計算が難しい ……… 134
8. 10のまとまりで暗算ができない① ……… 136
9. 10のまとまりで暗算ができない② ……… 138
10. 九九が覚えられない① ……… 140
11. 九九が覚えられない② ……… 142
12. 筆算をすることが難しい① ……… 144
13. 筆算をすることが難しい② ……… 146
14. 文章題の理解が難しい①文章の意味がつかめない ……… 148
15. 文章題の理解が難しい②立式ができない ……… 150
16. 図形の理解が難しい ……… 152
17. 定規の目盛りが読めない ……… 154
18. 単位が覚えられない ……… 156

執筆者一覧 ……… 158
参考文献 ……… 159

本書の使い方

本書の見方

本書では、「読み」「書き」「計算」の初歩的な部分でつまずく子どもたちに、教室ですぐにできる指導アイデアを教材とともに紹介しています。

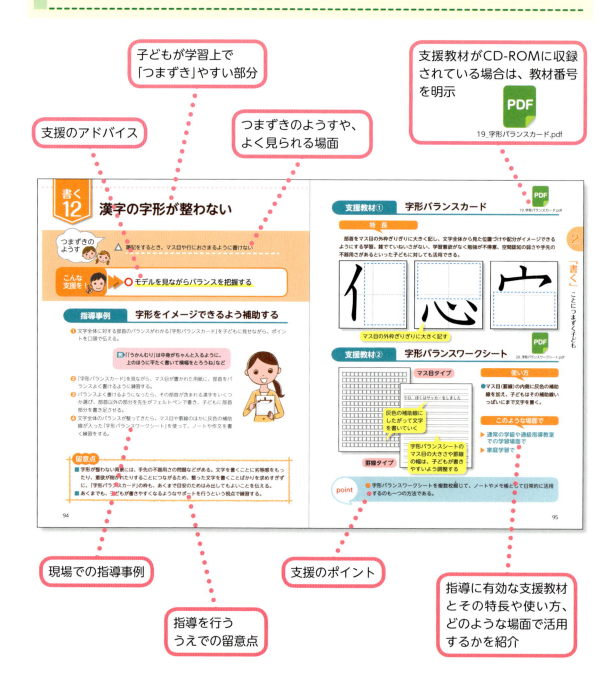

- 子どもが学習上で「つまずき」やすい部分
- 支援のアドバイス
- つまずきのようすや、よく見られる場面
- 支援教材がCD-ROMに収録されている場合は、教材番号を明示
- 現場での指導事例
- 指導を行ううえでの留意点
- 支援のポイント
- 指導に有効な支援教材とその特長や使い方、どのような場面で活用するかを紹介

CD-ROMの内容

付属CD-ROM

- 付属CD-ROMには、本書で紹介している支援教材がPDF形式で収録されています。
- 拡大・縮小したり、切り取って一部を使用したりするなど、工夫して活用できます。
- 子どもにあわせて作成できるよう、無地のシートもついています。

「読み」に関する支援教材

「書き」に関する支援教材

「計算」に関する支援教材

ふろく支援教材

ご使用上の注意
付属のCD-ROMをご使用する前に、必ずお読みください。

- ファイルをご覧いただくには、アドビシステムズ社のAdobe Reader（Ver.8以降）またはAdobe Acrobatが必要です。お持ちでない方は、アドビシステムズ社の公式ウェブサイトより、Adobe Readerをダウンロードしてください（無償）。
- 収録されているデータは、ご購入された個人または法人が、プリントして授業などで自由にお使いいただけます。ただし、営利目的での使用はできません。
- 収録されているデータそのものを無断で複製、頒布（インターネット等を通した提供を含む）、販売、貸与することはできません。
- 収録されているデータの著作権は、すべてナツメ社および著作権者に帰属します。

CD－ROM収録支援教材一覧

ページは教材が実際に掲載されているページです

	ファイル名	ページ	
読み	01_キーワードカード.pdf	1．ひらがなの読みが覚えられない	P.21
	02_音韻サイコロ.pdf	2．ひらがなの読みが覚えられない	P.23
	03_五十音表.pdf	3．ひらがなの読みが覚えられない	P.25
	04_ひらがな絵カード.pdf	4．ひらがなの読みが覚えられない	P.27
	05_文節区切りプリント.pdf	5．ひらがなを単語のまとまりで読めない	P.29
	06_ひらがなマッチングカード.pdf	7．ひらがなを単語のまとまりで読めない	P.33
	07_無意味音節スライド.pdf	8．スムーズに読めず逐次読みになる	P.35
	08_カタカナ絵カード.pdf	11．カタカナが正しく読めない	P.41
	09_ことば探しシート.pdf	12．カタカナが正しく読めない	P.43
	10_早口ことばカード.pdf	13．適切な速さで読めない（早い／遅いなど）	P.45
	11_音読間違い探しプリント.pdf	16．省略したり置き換えたりして読む（勝手読み）	P.51
	12_紙皿文字.pdf	17．似ている文字を間違えて読む	P.53
書き	13_なぞなぞあいうえお.pdf	4．ひらがなやカタカナが書けない	P.79
	14_書き順シート.pdf	8．正しい書き順を覚えられない	P.87
	15_漢字分解プリント.pdf	10．漢字を覚えて書けない	P.90
	16_漢字カード.pdf	10．漢字を覚えて書けない	P.91
	17_漢字パズル.pdf	10．漢字を覚えて書けない	P.91
	18_同じ音の漢字プリント.pdf	11．漢字を覚えて書けない	P.93
	19_字形バランスカード.pdf	12．漢字の字形が整わない	P.95
	20_字形バランスワークシート.pdf	12．漢字の字形が整わない	P.95
	21_送り仮名学習シート.pdf	13．漢字の送り仮名が覚えられない	P.97
	22_作文メモシート.pdf	17．作文が書けない	P.105
計算	23_数のプリント.pdf	1．数を正しく唱えられない	P.121
	24_数字ビットカード.pdf	2．数を数えたり、覚えたりすることが難しい	P.123
	25_数の階段シート.pdf	3．数を量としてとらえられない	P.124
	26_重ねて数字カード.pdf	3．数を量としてとらえられない	P.125
	27_とびキャップ.pdf	3．数を量としてとらえられない	P.125
	28_100タワーシート.pdf	3．数を量としてとらえられない	P.126
	29_数字量感パズル.pdf	4．10の合成・分解が難しい	P.129
	30_筆算順番シート.pdf	7．くり上がり・くり下がりの計算が難しい	P.135
	31_横式変換シート.pdf	9．10のまとまりで暗算ができない	P.139
	32_九九シート.pdf	10．九九が覚えられない	P.141
	33_九九表.pdf	11．九九が覚えられない	P.143
	34_筆算プリント1.pdf	12．筆算をすることが難しい	P.145
	35_筆算プリント2.pdf	13．筆算をすることが難しい	P.147
	36_かけ算立式シート.pdf	15．文章題の理解が難しい（立式ができない）	P.151
	37_点シート.pdf	16．図形の理解が難しい	P.153
	38_単位カード.pdf	18．単位が覚えられない	P.156
	39_リットルうちわ.pdf	18．単位が覚えられない	P.157
	40_変身カード.pdf	18．単位が覚えられない	P.157
ふろく	41_ふろく1.pdf	小さい「つ・ツ」は、どこにはいるかな？	P.65
	42_ふろく2.pdf	どんなものかな？	P.66
	43_ふろく3.pdf	つづけて読んでみよう！	P.67
	44_ふろく4.pdf	かんがえてみよう！	P.68
	45_ふろく5.pdf	いれかえてみよう！	P.113
	46_ふろく6.pdf	ことばなぞなぞ	P.114
	47_ふろく7.pdf	ことばをみつけよう！	P.115
	48_ふろく8.pdf	きょうは、なにを書く？	P.116

解説

気になる子どもが抱えている困難

気になる子どもが抱えている困難

子どもたちが楽しく学校生活を送れるように、指導者には子どもたちの示す困難をできるだけ早く見つけ、つまずきが大きくならないうちに、適切に支援していくことが求められます。

子どもの示す困難を早く見つけることの大切さ

「学校は勉強するところ」、多くの子どもたちがそう思って入学してきます。

入学式に背負っているランドセルの中には、「勉強って難しいのかな、できるかな」という不安よりも、「学校では、どんな勉強をするんだろう！」という期待や意欲のほうが、ずっとずっとたくさん詰まっているのではないでしょうか。入学式での1年生は、どの子も学校生活への期待と意欲で、瞳をきらきら輝かせています。

もちろん学校では、運動会や学芸会などといった学校行事や、休み時間の友だちとの遊び、給食当番や掃除など、さまざまな活動もあります。

しかし、子どもたちの学校生活の大半を占めるのは、学習時間です。そのため、学んだことが身につくかどうかは、学校生活が楽しいものになるかどうかの重要なポイントとなります。

一方で、子どもたちのもっている能力はそれぞれ違い、同じように教えても身につき方には差があります。学習がはじまったら、指導者は早い時期に子どもひとり一人の学習状況を把握することが大切です。子どもにとって、どんな学び方があっているのかを考え、ひとり一人に適切な方法で教えることができるようにしましょう。

子どもたちが楽しく学校生活を送ることができるよう、つまずきが大きくならないうちに対応することが肝心です。

気になる子どもの気づき

気になる子どものつまずきの背景には、発達の問題がある場合もあります。発達障害のある子どもの特性と、学習面でつまずきやすい部分について理解しておきましょう。

*ここで示す発達障害の名称等は、発達障害者支援法（平成17年）に基づいています。
また、我が国では、WHOによる国際疾病分類ICD-10を使用しています。

広汎性発達障害
（高機能自閉症、アスペルガー症候群など）

広汎性発達障害は、自閉症を含む広義な分類です。ことばの遅れ、対人関係の問題、興味関心のかたよりという3つの特徴が3歳以前に現れます。このうち知的障害をともなわないものを「高機能」と呼びます。また、知的障害がなくことばの遅れのないものが「アスペルガー症候群」です。広汎性発達障害については、ことばの理解や対人関係の問題から、生活面での問題に目が行きがちですが、実は学習上の問題も多くあります。以下に主なものを示します。

ことばの意味理解の困難

私たちは、同じことばであっても、状況によっては違う意味として使うことがあります。

たとえば、「あと少し」と言っても、この「少し」には具体的にはかなり幅があります。このようなあいまいなことばは、状況に応じて意味を理解することが難しい場合が多くあります。

慣用句や比喩的な表現も状況に応じて使いますから、その状況が理解できないと、ことばそのものの理解も難しいといえます。また、感情を表すことばについては、同じことばを使っていても、感じている内容が異なる場合もあります。

たとえば、うれしい感情が昂じて泣くというような「うれし泣き」などは、なかなか理解できないかもしれません。

注意の問題

興味関心のかたよりがあると、興味があることには集中できますが、興味のないことには注意が向かないことも多くあります。ほかのことに気を取られたり、ぼーっとしてしまい、話を聞き取れない場合もあります。

興味関心のかたより

注意の問題とも重なりますが、そもそも、自分の興味が向かないことには「いやだ」と言って取り組もうとしないこともあります。

取り組む意味や意義が理解できていな

い状況も多いので、なぜ取り組むのかの説明が必要な場合もあります。

こだわり

一度覚えたことや、覚えたやり方にこだわり、変更が難しい場合もあります。

学習が進むと、新たな手立てを学び、新しいやり方を取り入れるという場面がよくあります。このような際に、今までのやり方や自分なりのやり方に固執してしまうこともあります。

学習障害（LD エルディー）

学習障害（LD）は、文部科学省の定義(1999)でも示されているように、「聞く」「話す」「読む」「書く」「計算する」「推論する」の特定の領域に困難があるものを指します。ICD-10では、「聞く」「話す」は「会話及び言語の特異的発達障害」に分類され、学習障害は主に「読む」「書く」「計算する」に関する「学力の特異的発達障害」に分類されています。

学習障害のある子どもは、当然、学習につまずきがありますが、小学校入学後の早い段階では、まだ子どもたち全体が学習の初歩の段階であるため、どの子どもがつまずいているかを見つけることは

難しいといえます。もちろん、学習の習得には個人差がありますが、入学後1～2か月たっても文字に興味を示さない、読むことと書くことの身につくスピードが違う、話すことは問題ないのに本読みがスムーズにできないなど、子どものようすをよく見るなかで「あれ？」と思う部分を見つけることができます。

また、学年が進めば学習内容は増えますから、その差も大きくなっているはずです。本人の努力不足と決めつけず、どうして困難さが増しているのか、なぜなかなかできるようにならないのか、子どものようすをよく見ることが大切です。

学習障害のある子どもは、ほかの障害が重なっていなければ、対人関係や行動上の問題はありません。そのため、友だちとの関係もよく、授業中はまじめに参加しているのに学力が伸びないという状況は、本人の努力不足と思われてしまいがちです。

そのようなことにならないためにも、「いつ」「どんなときに」「どんなことに困難があるのか」を、指導者はよく見ていくことが必要です。

注意欠陥／多動性障害（ADHD）

注意欠陥/多動性障害（ADHD）は、「年齢あるいは発達に不釣り合いな注意力、及び/又は衝動性、多動性を特徴とする行動の障害で、社会的な活動や学業に支障をきたすものである。また、7歳以前に現れ、その状態が継続し、中枢神経系に何らかの要因による機能不全があると推定される」（文部科学省、2003）と定義されています。また、ICD-10では、「多動性障害」に分類されています。

ADHDには、不注意が優勢なタイプと多動と衝動性が優勢なタイプ、または両方が混在しているタイプがあります。

小さなころは、じっとしていることが少ないですから、不注意が目立つことは少なく、多くはよく動き回る、じっとしていない、すぐ迷子になるなどが目につく場合が多いでしょう。

小学校に入ってもこれは同じで、授業中は着席していられない、気になることがあるとすぐやらなければ気がすまない、思いついたらすぐしゃべってしまうなどといった行動が目立ちます。

このように、多動と衝動性が優勢なタイプは比較的早くに気づかれることが多く、何ら

かの対応が取られている場合もあります。

しかし、不注意が優勢なタイプは、着席はしているけれど、ボーっとしている、集中力が続かず話を最後まで聞けない、話しかけられているのに気づかない、学習などを順序立てて行うことが難しいなど、本人は困っているけれど、周りからは単に「そそっかしい」「忘れっぽい」などの性格のように受け止められてしまい、気づかれにくいことが特徴です。

多動と衝動性が優勢なタイプ
比較的早くに気づかれることが多い

不注意が優勢なタイプ
気づかれにくいことが多い

もちろん、このタイプの子どもは、学習の情報が入りにくかったり、集中して取り組むことができないため学習の定着が難しかったりします。そのことに早く気づき、なぜ集中が続かないのかについて、子どもの状況をよく見ることが大切です。

多動や衝動性が優勢なタイプでも不注意が優勢なタイプでも、どちらも失敗をしがちですから、しかられてしまうことも多いでしょう。

しかられ続けることで、自信をなくしてしまわないためにも、周りの大人が早く気づくことが大切です。

気になる子どもの困難

では、気になる子どもはどのような困難を抱えているのでしょうか。それぞれの障害によって特徴はさまざまですが、学習上で示す困難は共通する部分もあります。

しかし、学習における対応は、子どもたちが示す困難さによって違います。

1 読むことの困難さ

文字の読みに困難さがある子どもがいます。

ひらがながなかなか習得できない、文字の形と音が結びつきにくいなど、文字の習得が難しかったり、一文字一文字は読めるが、単語や文章をスムーズに読めなかったりします。また、漢字の習得が難しいこともあります。

小学校1～2年の教科書は、文字量も少なく、分かち書きになっているのでなんとか読めたけれど、3年生になり急に読みのつまずきが目立ってきたという場合などは、読むことの困難さを考えてみる必要があるかもしれません。

単語や文章を
スムーズに読めない

2 聞くことの困難さ

聞くことについては、集中して話を聞くことが要求されます。そのため、注意や集中が難しかったり、じっとしていられなかったりすると、聞くことそのものが困難になります。

また、聞いた内容を覚えておいて自分の経験や知識と照らし合わせ理解をするわけですから、記憶することが難しい場合も、聞くことにつまずいてしまいます。もちろん、経験や知識が蓄積することの難しさがあれば聞いた内容を理解できず、やはり聞くことが困難な状態が生じます。

集中して聞いたり、
聞いたことを
覚えていられない

3 書くことの困難さ

文字が覚えられなかったり、形が整わなかったりする

　書くことに困難がある場合は、小さなころに絵を描かなかった、クレヨンなどに興味を示さなかったなどということもあります。
　また、入学してからは、ひらがなを覚えて書けないといった文字の習得レベルの困難さや、覚えているが文字の形が整わない、漢字が覚えられないなどという困難がある場合もあります。
　書くことには、手指の運動能力も関係しますから、不器用な子どもの場合はもちろんつまずきが生じることもあります。
　しかし、極端に不器用でもないのに書くことに困難がある場合もありますから、ノートや子どもの描く絵などもあわせて見ておくことも必要でしょう。

4 話すことの困難さ

　話すことの困難さについては、ことばの習得そのものに難しさがあることもあります。話はできても、順序立てて話すことが難しかったり、要点をまとめて話すことができなかったりする場合があります。
　また、理解はできていても正しく発音できなかったり、内容を的確にことばで表現できず、発表など人前で話すことに抵抗を示したりする場合もあります。学習内容が理解できていなのか、理解はしているのにうまく伝えられないのかを見極めることが大切です。

要点をまとめたり、順序立てて話せない

5 計算することの困難さ

計算については、計算の意味が理解できなかったり、手順が身につかなかったりするために困難さが生じる場合があります。

また、集中力が持続しないためにケアレスミスをしたり、途中で投げ出してしまい最後まで取り組めなかったりすることもあります。

答えが合っているか、間違っているかということだけにとらわれるのではなく、どんな間違いが多いのかをよく見ておくことが大切です。

簡単な暗算や筆算などにもつまずいてしまう

　子どもたちが示す困難さは、障害による特徴から起きるものですが、障害は違っても同じような困難さがある場合もあります。

　「自閉症だから」「ADHDだから」と、障害にのみ目を向けるのではなく、子どもたちが示す困難さをよく見て、それに応じた対応をすることが大切です。

　本書では、現場の先生方が子どもと向き合い、試行錯誤をくり返しながら実践し、実際に有効であった指導方法、支援教材を紹介しています。ただ、子どもの特性や困難は一人ひとり違いますので、すべての子どもに効果があるとはかぎりません。また、子どもによっては活用することに注意が必要な場合もあるでしょう。

　しかし、これらのアイデアは、実践するなかでより子どもの状況を知り、適した支援方法を見つけるためのヒントになるのではないでしょうか。

　子どもの困難を解決する手がかりをつかむ第一歩として、本書を活用していただければと思います。

「読む」ことにつまずく子ども

こんなことに困っている！

漢字が読めない
漢字の形や意味を正しく覚えられない

形の似ている文字を間違える
「め」と「ぬ」、「る」と「ろ」など、形の似ている文字を判別できない

単語をまとまりで読めない
逐次(ちくじ)読みをしてしまうなど、文章をどこで区切るかわからない

勝手読みをする
文字や行を飛ばしたり、単語や文末を読み間違えたりする

check こんなようすもみられます

- しりとりができない
- 文字が覚えられない
- 音読み・訓読みを間違える
- 文字を見て声に出すまでに時間がかかる
- 会話が詰まって遅かったり、早口だったりする
- 読んでいる場所がわからなくなる
- 会話のなかで語彙(ごい)が少ない
- 文章の意味を理解できない

1 「読む」ことにつまずく子ども

なぜそうなるの？〈考えられる背景〉

読むことにつまずくのは…

情報処理機能の一部が未発達なため、見た文字を ことばに変えるといった変換作業がスムーズにできない

　友だちとのおしゃべりではスムーズに話せるのに、教科書を音読するときにことばが詰まってしまったり、勝手読みや形の似た文字を間違えたりするなど、「読む」ことにつまずいてしまう子どもがいます。

　文字を読むためには、脳の中でさまざまな情報の処理が必要ですが、そのどれか一つにでも支障があると文字を読み取ることが難しくなります。

　文字を読むことが困難な子どもたちは、読めない状況に劣等感をもち、さらに読みに対して抵抗をもつようになる場合も少なくありません。

　指導者は、そのような子どもの気持ちを汲み取りながら、振り仮名を振ってあげたり、みんなの前で読む機会を減らしてあげたりするなど、教室のなかで子どもが自信を持って学べるような工夫をしていくことが必要です。

　また、学級担任と指導の共有を図っていくことも大切です。

読む1 ひらがなの読みが覚えられない❶

つまずきのようす
- △ ひらがなの読みが覚えられない
- △ 一文字一音のルールが定着しない

こんな支援を！
○ キーワードを活用して文字に意味づけをする

指導事例　文字と読みをキーワードでつなぐ

● 子どもが名前を知っている物（キーワード）を絵や図で示した「絵カード」と、キーワードのはじめの一文字を記した、「文字カード」を作成し、交互に見せながら文字に意味づけをして覚えていく。

例「かめ」をキーワードにして文字を覚える

①**キーワードを言う**
「かめ」の絵カードを見せ「かめ」と言わせる。

②**キーワードの音を抽出させる**
「かめ」の絵カードを見せ、はじめの一文字の「か」と言わせる。

③**キーワードの絵と文字を対応させる**
「かめ」の絵カードを見せて「か」と言わせながら、「か」の文字カードを見せる。

④**文字からキーワードを想起させ音を抽出させる**
「か」の文字カードを見せながら、「かめ」➡「か」と言わせる。

⑤**文字のみで音読させる**
「か」の文字カードを見せ「か」と言わせる。

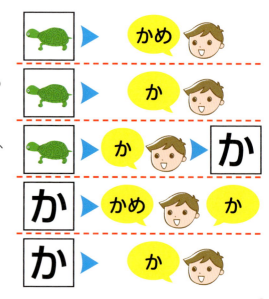

留意点
■ キーワードは、子どもの知っていることばを選び、わかりやすい絵にする。知らないことばを使うと意味づけにならないので注意する。

| 支援教材 | キーワードカード |

01_キーワードカード.pdf

1

「読む」ことにつまずく子ども

| 絵カード | 文字カード |

絵カード: キーワードを絵や図にしたもの

文字カード: キーワードの名前のはじめの一文字〈かめの「か」〉

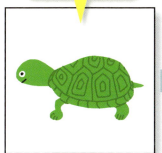  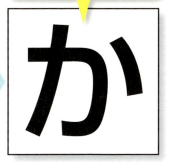

 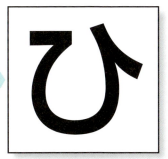

特長
視覚的補助を活用し、文字と読みを「キーワード」でつないで意味づけをして覚える。

使い方
● 絵と文字を交互に見せて学習していく。
　● 絵カードを見せて、絵の名前を言わせる。
　● 絵カードを見せて、絵の名前のはじめの文字を言わせる。
　● 名前のはじめの文字を言わせながら、絵カードと文字カードを見せる。
　● 文字カードを見せながら、キーワード➡キーワードのはじめの文字の順に言わせる。
　● 文字カードを見せて、そのまま音読させる。

このような場面で
▶ 学習の「はじめ」や「終わり」に遊びとして取り組むことで、楽しみながら音韻(おんいん)の発達をうながせる。

point
● 絵などの視覚的補助は徐々に減らし、文字のみを読めるようにしていく。
● この指導のあとに、文字カードや単語カードをすばやく提示し音読させる練習(瞬間提示)をするのも効果的。

読む2 ひらがなの読みが覚えられない❷

つまずきのようす
- △ ひらがなの読みが覚えられない
- △ しりとりができない
- △ 音韻(おんいん)発達の遅れがある

こんな支援を！ ➡ ○ ゲーム感覚で音韻(おんいん)の発達をうながす

指導事例　ゲームで音韻を意識する

❶ 先生がそれぞれの面に、子どもが名前を知っている単語の絵を貼り、「音韻サイコロ」を作成する。

❷ 出た絵の名前の数だけ、すごろくのコマを進めるゲームを行い、音韻を意識していく。

- き ➡ 1つ進める
- はな ➡ 2つ進める
- つくえ ➡ 3つ進める

コマを進めるときは、出たサイコロの絵の名前を呼称しながら進むと効果的

留意点
- ■ サイコロに貼る絵は、子どもが名前を知っている絵や図形にする。知らないことばを使うと意味づけにならないので注意が必要。

支援教材	音韻サイコロ

02_音韻サイコロ.pdf

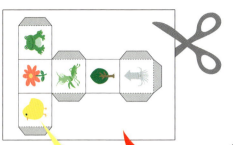

厚紙でサイコロを作り、それぞれの面に絵を貼る

特長
聴覚提示された単語を音韻に区切ってサイコロに見立て、遊びながら音韻発達をうながす指導。

使い方
- 厚紙などでサイコロを作り、面に絵を貼る。
- サイコロに貼る絵は、子どもの音韻意識＊の発達に合わせ、「き」「はな」「つくえ」など、1～5拍のことばからはじめる。
- 絵の音韻をサイコロの目に見立て、すごろくなどを行う。

＊音韻意識：「『つくえ』の最初の音は『つ』とわかる」など、ことばの意味や音韻を意識する能力のこと

このような場面で
▶ 学習の「はじめ」や「終わり」に
遊びとして取り組むことで、楽しみながら音韻の発達をうながせる。

「読む」ことにつまずく子ども

例1 基本音節＋撥音（ん）サイコロ
- りす
- きりん
- いのしし　など

例2 長音サイコロ
長音＝長くのばして発音する音
- しいたけ
- とうもろこし
- ぴいまん　など

例3 拗音サイコロ
拗音＝小さく「や」「ゆ」「よ」を加えて表す音
- きゃべつ
- じゃがいも
- しょうぼうしゃ　など

point
● 音節の学習順序としては、基本音節＋撥音→促音→長音→拗音→拗長音の順序で行うと効果的。

読む3 ひらがなの読みが覚えられない❸

つまずきのようす
- △ 見た文字を声に出す（音に変える）までに時間がかかる
- △ 形の似ている文字（「め」と「ね」など）を読み間違えてしまう

こんな支援を！ ➡ ○ <mark>文字カードや五十音表で読みを覚える</mark>

指導事例　文字カードで覚える

文字列カード
- 「ね め ぬ わ」など複数個のひらがなが書かれたカード、またはスライドを提示し、「『め』はどれ？」と問い、子どもは指さして答える。
- あわせて、「五十音表」（次ページ）も活用して文字を確認していく。

文字カード
- ひらがな1文字が書かれたカードを提示し、子どもは3秒以内に音読する。
- あわせて、「五十音表」も活用して文字を確認していく。

それぞれの活動と同時進行で、2〜3文字の単語を提示して読みの練習を行うとよい。

留意点
- はじめは大きな文字で提示するようにし、正答率が上がってくるにつれて、その学年の教科書で使われている程度の大きさにしていく。
- 子ども自身が読みやすいフォント（明朝体・ゴシック体・教科書体など）を選ばせてもよい。

支援教材 — **五十音表（ひらがな・カタカナ）**

03_五十音表.pdf

1 「読む」ことにつまずく子ども

行ごとに覚えやすいよう色を変えてもよい

特長
ひらがな（清音）の読み間違えが多いに子どもに対し活用しながら文字を読む練習をしていく。

使い方
① 子どもに、「あいうえお」「まみむめも」のように、五十音表の文字を行ごとに読ませ、覚えさせる。

② 次に先生が、「『め』はどこにある？」などと問い、子どもは表の「め」の位置を指さして答える。

このような場面で
▶ 通級指導教室での個別指導で
▶ 小集団での指導で

ゴシック体、教科書体など、子どもが読みやすい書体を選ばせてもよい

point
● 主に1年生での学習になるため、クイズやパズル形式にしながら指導していくよう心がける。
● 単語や文章の読みの課題とも連動してくるため、2〜3文字ほどの単語や教科書の短文などでの課題と織り交ぜながら行い、マンネリ化を防ぐ。

読む 4 ひらがなの読みが覚えられない④

つまずきのようす
△ 教科書などを読む場面で、読み飛ばしたり読み方を思い出すのに時間がかかったりする文字がある
△ 読めるようになるまでに時間がかかる

こんな支援を！
○ 絵カードを使って文字に意味づけをする

指導事例　ひらがな絵カードで文字に意味づけ

❶ 子どもが正しく覚えられていない、ひらがなを確認する。

❷ ❶が語頭に来て（「ん」の場合は語中）、本人になじみのある単語と、その絵で「ひらがな絵カード」を作成する。

❸ 「ひらがな絵カード」を連続して提示し、子どもに見せる。このとき、「りんごの『り』」などと、必ず絵(単語)と文字をセットで読ませる。

❹ はじめはカードの絵を大きめにして強調し、スムーズに言えるようになったら、絵を小さめにしてカードを作成し、同様に読ませる。

❺ 最後は文字のみのカードで読みを定着させる。

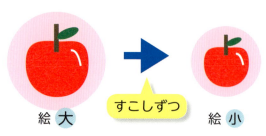

絵 大　→　すこしずつ　→　絵 小

留意点
■ 文字を単独で覚えさせるのではなく、必ず絵(単語)とセットにして読むよううながし、はじめのうちは教師も一緒に取り組む。
■ 使用する単語(絵)は、本人にとってできるだけなじみのあるものがよい。
■ 「ら→だ」「れ→で」など発音の誤りがある場合には、音を聞き分ける課題も並行して行うなど、ていねいに見ていく必要がある。

| 支援教材 | **ひらがな絵カード** |

04_ひらがな絵カード.pdf

1 「読む」ことにつまずく子ども

step 1
絵**大** > 文字**小**

「すいかの『す』」というように、絵と文字をセットで読ませる

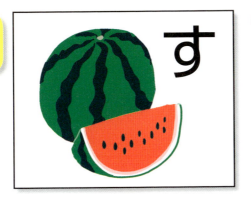

step 2
絵**小** > 文字**大**

ヒントとなる絵を小さくして、**step1**と同じように絵と文字を読ませる

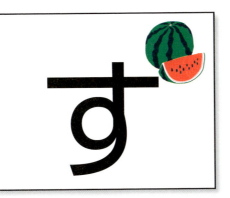

step 3
文字のみ

最後は文字のみで読ませる

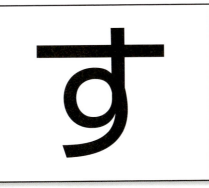

特長
なじみのある単語（絵や図）を示しながら、文字と音とを関連づけていく指導。子どもの知っている単語をやりとりしながら、短時間でテンポよく文字の確認ができる。

使い方
- 1枚に1文字だけ書いてあるカードのようなものをランダムに読ませ、覚えられていないひらがなを確認する。
  ＊並び順を覚えていて答えられることもあるので「五十音表」は使用しない。

- 子どもが知っている単語のはじめの文字と、その絵を書いたカードを作成する。

- 子どもにカードを連続で見せながら、単語と文字をセットで読ませていく。

このような場面で
▶ **通級指導教室での個別指導で**
使用方法が定着すれば、家庭でも同様の方法で取り組める。

point
- 先生も一緒に声を出しながら、楽しく取り組むようにする。

読む 5 ひらがなを単語のまとまりで読めない ❶

つまずきのようす
△ 文節の区切りがあいまいで、意味を理解しにくい
△ 教科書の読みやテストで、文を読み解くのに時間がかかり、途中でやめてしまう

こんな支援を！
⭕ 文節の区切りを見つける練習をする

指導事例　文字をまとまりで区切る練習

❶ 15文字程度のひらがな文を提示する。
❷ 子どもは、文を意味のわかるまとまりで区切り、印をつける。
❸ 先生は、区切りが正しいかを確認する。
❹ 子どもは、文節の区切りの「間」を意識して音読する。
❺ 先生は、子どもが音読した文に関するクイズを出題し、正解できたら次の問題へ進んでいく。

例 「あかい／ぼうしを／ひろいました」の文なら、"帽子の色は何色？"と聞き、子どもは「赤！」と答える　など

意味のわかるまとまりで区切る

留意点
■ 速く読めることが読みの上達と誤解している子どもは多い。読みの上達は、文の意味の正確な理解ということを、子どもの実態に応じて、ていねいに伝えていく。
■ 用意するひらがな文の量や文字の大きさは、子どもと相談しながら調整するようにする。

支援教材 | # 文節区切りプリント

05_文節区切りプリント.pdf

「読む」ことにつまずく子ども

■ たいこを|たたく|れんしゅうを|する

■ たいいくかんで|かけっこを|した

■ つちから|はなの|めが|でてきた

■ ちかくの|こうえんに|あそびに|いく

■ つばめが|いえに|すを|つくる

■ ちいさな|しろい|ねこが|いる

15文字程度の短文

意味のわかるまとまりで区切りの印を入れさせる（文字数や文字の大きさは、子どもの実態にあわせて調整する）

特長

文章をまとまりで区切り、間をおいて音読する練習をしながら文節に意識を向ける活動。

使い方

● ひらがなの短文を入力したプリントを用意し、区切り線を入れさせる。

● 音読させ、違和感を感じたら、区切り線の位置を訂正するようにうながす。

このような場面で

▶ **通級指導教室での個別指導で**

通常の学級の放課後の補充学習や、家庭学習の課題としても活用できる。

読みの上達が目的なので、文節の概念は、"意味のわかるまとまり"と大まかに捉えるようにする

例 文節をまとめても正解とする

● ちいさな | しろい | ねこが | いる
● ちいさなしろいねこが | いる

point

● 通常の学級で学習している国語の教材文を文節区切りの課題に発展させるとよい。

● 単語のまとまりの意識が弱い子どもは、板書内容の書き写しも一文字ずつ行うことが多いため、"意味のわかるまとまり"で書くことを意識した視写の課題に発展できる。

● 通級指導教室で行う場合は、学級担任に子どもの練習のようすを随時報告し、子どもの困難さの共有を図っていくようにする。

読む 6 ひらがなを単語のまとまりで読めない❷

つまずきのようす
△ 語彙が少なく、単語をまとまりで読むことが苦手

こんな支援を！ ○ 単語カードを連続的に見せながら読む練習をする

指導事例　単語カードで読みを定着させる

❶ さまざまなジャンルの図鑑（動物・乗り物など）や絵本を用意し、子どもと一緒に読みながら図や絵の名前を確認していく。

❷ 先生がお題を提示し、交互にあてはまる単語（名前）を出しあう。子どもが単語を思い浮かべられないときは、再び図鑑で調べたり、先生がヒントを出したりしながら1人5単語（2人で10単語）を出す。

お題の例 「動物」「『あ』のつく物」　など

❸ 出しあった単語を、子どもは小さなカードのマスに書き、先生は子どもが書いたカードの文字をパソコンに入力し、スライドを作成していく。

❹ 子どものカード（または先生のスライド）を、瞬間的に連続で提示しながら、単語をまとまりで読む練習をしていく。

❶〜❹を数回行い、カードの枚数を増やしながらくり返し練習し、語彙を増やすことや単語をまとまりで読むことにつなげていく。

留意点
■ ひらがなを覚えていないなど、書く支援が必要な場合には、五十音表（25ページ参照）を黒板に貼り確認しながら行う。
■ それでも書くことの負担が大きければ、単語の記録は先生のスライドのみでもよい。

| 支援教材 | # 単語カード |

お題の例　**虫の名前**

か	➡	
せみ	➡	
ほたる	➡	

単語を考えてカードに書かせる

子どもの字が小さい場合は、拡大コピーをする

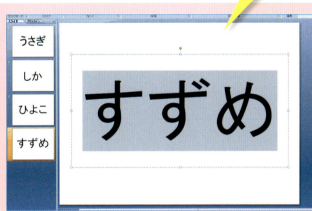

スライドにしていく

使い方

● 1〜3文字程度で、それぞれ1マス＝1文字で書き込めるマス目のあるカードを用意し、子どもに単語を書かせて連続で提示する。

● 子どもが挙げた単語を先生が入力し、パワーポイントにしてパソコン上で提示する（プリントアウトして提示してもよい）。

このような場面で

▶ 通級指導教室での個別指導で

「読む」ことにつまずく子ども

point

● ゲーム感覚で楽しく行えるようにする。
● 子どもの実態によっては、国語などの教科書を活用し先取り学習として取り組んでいき、通常の学級でのスムーズな学習につなげることができる。

31

読む 7 ひらがなを単語のまとまりで読めない ❸

つまずきのようす
- △ 教科書などを読むときに、スムーズに読みはじめられない
- △ 逐次読みをしている
- △ 文字・音・意味がうまくつながらない

こんな支援を！
○ **絵や補助線などを活用し、文字・音・意味を視覚的につなげる**

指導事例　意味のまとまりを捉えやすくする

step1

❶ 広告や雑誌などの絵や写真を切り抜いてカードに貼り、裏面にその物の名前を書いて、「ひらがなマッチングカード」を作る。
❷ 一緒に読んで、読み方を確認する。その際、一音ずつ切らずに続けて読めるよう先生が手本を示す。
❸ 先生と子どもでゲームを行う。
❹ 1枚ずつスムーズに読めるようになったら、カードの文字側を表にして数枚並べて続けて読んだり、くり返しすばやく見せたりして使う。

step2

❺ この活動に慣れてきたら、教科書の文章から名詞(名前ことば)や動詞(動きことば)を探して囲ませたり、「分かち書き」や「文節に補助線を入れる」などして読みやすくし、続けて読むことを意識した音読の練習につなげていく。

> 例
> ・これは、 きつつき の くちばし です。
> ・わたしは、どうぶつ園で／はたらいている　じゅういです。

留意点
■ 子どもの実態にあわせて2文字のことばからはじめ、しだいに文字数を多くし、特殊音節を含むことばやカタカナも作成していく。

支援教材 **ひらがなマッチングカード**

06_ひらがなマッチングカード.pdf

1 「読む」ことにつまずく子ども

カードの例

表

絵や写真を貼る

裏

絵の名前を書く

| あり | とんぼ | かまきり |

読んだ文字が絵と合っていればカードがもらえる

使い方

- カードの文字側を提示し、子どもに読ませる。
- 裏返して、読んだ文字と絵の名前があっていたら、子どもはカードをもらえる。
- カードの枚数や種類を増やし、文字の提示時間を徐々に短くしながら、はじめて見るカードでもすぐに読めるよう練習していく（3文字が1秒程度で読めるようになるまで練習する）。
- 4文字の単語が1〜2秒の提示で読み取れるようになると、長めの単語も比較的容易に読めるようになる。
- はじめに、数秒でカードを隠してしまうことを伝えると子どもの集中力を高めることができる。

このような場面で

▶ 通常の学級で授業の合間に
▶ 家庭学習で
一人学習のときにも活用できる。

point 文字から具体的な物や動き、ようすなどを思い浮かべられるように、文字を読んだあとは絵や写真で確認し、「文字・音声・映像」を連動させて、イメージを浮かべながら読ませるようにする。

読む 8 スムーズに読めず逐次読みになる ①

つまずきのようす
△ 教科書を音読する場面で、文字を追う視線と発声が一致せず、逐次読みになる

こんな支援を！
○ 無意味音節でテンポ読みの練習をする

指導事例　メトロノームでテンポ読みの練習

❶ メトロノームを使い、子どもが乗ることができる速さのテンポを探す。
❷ ❶の速さよりもゆっくりのテンポを流し、手拍子を合わせる。
❸ 2音の無意味音節（意味のないことば）をパソコン画面でランダムに提示する。
❹ 次の2つの条件をクリアできたら3音へ、というようにステップアップして、4音までの音読がスムーズにできたらテンポを速めていく。

> **条件1** 10回正確に読める　**条件2** テンポを合わせられる

❺ 定着の状況にあわせてさらにテンポを速め、最終的にテンポ120（1拍に1文字）で読めるよう練習する。
❻ テンポを意識しながら短文音読を行う。

> 15文字程度からはじめ、30文字程度を目標にし、スムーズに読めるよう練習していく（短文の文字数の30字は、テストの問題文の文字数を基準にしている）

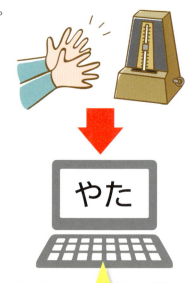

音読に集中できるよう、タイミングを図りながら提示する

留意点
■ スムーズな音読が可能なテンポや、特殊音節の読みの定着状況など、読みの実態把握をていねいに行う。

| 支援教材 | 無意味音節スライド |

07_無意味音節スライド.pdf

「読む」ことにつまずく子ども　1

step1 2文字

なそ

step2 3文字

よえお

step3 4文字

くこきい

使い方

- 先生が、パソコン画面に無意味音節を提示する。
- 子どもが10回正確に、テンポを合わせて読むことができたら文字数を増やす。
- しだいにテンポを速め、メトロノームのテンポ120で読めるまで練習をしていく。
- メトロノームは、音読の妨害刺激にならないように、音量の調整を行う。メトロノームアプリをダウンロードし、タブレットなどを活用してもよい。また、無意味音節の単語作成ができる自動作成アプリなどもある。

応用

このような場面で

▶ **通級指導教室での個別指導で**
通常の学級の補充学習でも活用できる。

無意味音節の中に意味のある単語も混ぜて提示し、見つけられたら「ビンゴ！」と言わせるなど、ゲーム感覚で取り組めるようにすると、意味理解への注意をうながすことも可能。

point
- 毎日、短時間の練習時間を設定して継続する。
- 音読の定着状況を見て、子どもにパソコンの画面を操作させると興味を持って取り組むことができる。

参考文献 ●『特異的発達障害診断・治療のための実践ガイドライン』稲垣真澄著（診断と治療社 2010）
　　　　●『アスペハート28・29・30号』"読む"って、本当は難しい(1)(2)(3)　齊藤真善著（アスペ・エルデの会 2011）

35

読む 9 スムーズに読めず逐次読みになる❷

つまずきのようす
△ 教科書（とくにはじめて見る文書）を音読する場面などで、目で文字を追いながら発声することが苦手

こんな支援を！ ⇒ ○ はじめて見る文章に慣れる練習をする

指導事例　音読の課題を意識する

❶ はじめに、単語などをまとまりで読む練習をする。
❷ 「『。』のところまで正確に読もう」などと、音読における子どもの課題を伝える。
❸ 文章を「黙読」させ、大まかに内容をつかませる。
❹ そのなかで、わからない・読めない文字があれば確認する。必要に応じて、文節に区切り線をつけるなどして、音読のときのポイントにする。
❺ 文章を「音読」させる。
❻ うまくできたところを伝えて意識させ、もう一度「音読」させる。
❼ 最後にプリントなどで文章問題を解き、内容を理解できているか確認する。

毎回ビデオで記録を取り、音読のようすの変化を見ていくようにするとよい

黙読
↓

音読
↓

意識できていたり、よかったりしたところを本人に伝え、もう一度音読させる

留意点

■ はじめは1～2文字の音読からスタートし、字の大きさや配置について配慮し、なれてきたら「少しずつ文の量を増やす」「句読点で句切って読む」など、音読の技術を指導する。
■ 指で追う、音読補助シート（49ページ参照）といった補助具を利用するなど、どのような方法が読みやすいか話し合いながら子どもと一緒に考えていく。
■ 安心感をもって学習できるよう、子どもが取り組みやすい課題からはじめる。

支援教材　おはなし読解ワーク

言語・学習指導室　葛西ことばのテーブル
http://homepage2.nifty.com/kotobanotable/index_kz.html

<中級編>
説明文を中心に収録

<初級編>
日記文・説明文・物語文を収録

<上級編>
物語を中心に収録

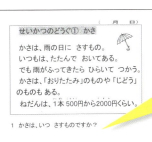

特長

読みの課題があり、くり返しの練習が必要な子どもを対象に作られた教材集。

● 問題は文章量、表記、内容などの平易なものから、少しずつ難しいものの順で掲載されている。

● 一度の問題量が少なく、音読や国語に苦手意識のある子どもでも取り組みやすい。

● 読みにくい漢字には振り仮名が振ってあり、字も大きめで読みやすく、音読に専念しやすい。

「だれといったの？」などといった5W1Hでの表現が多く用いられ、日常会話の練習にもつなげることができる

このような場面で

▶ 通級指導教室の個別指導で
▶ 通常の学級の補充学習で
▶ 家庭学習で

point
● 音読練習をしながら「このようにすると読みやすい」と子ども自身がつかんでいけるように指導していく。
● 改行や句読点、助詞の部分など子どもに課題を伝え、意識しながら読めるようにする。また、うまくできたところをほめて自信につなげるとよい。
● 連絡帳などを通じて、保護者や学級担任と、うまくできたところや支援のポイントなどを伝えて共有していく。

「読む」ことにつまずく子ども

読む10 カタカナが正しく読めない ❶

つまずきのようす
△ カタカナが読めない
△ 似た文字を間違えて読む

こんな支援を！ ▶ ◯ <u>ていねいに時間をかけて字と音をマッチングさせる</u>

指導事例　ひらがなと関連づけて覚える

ひらがなを手がかりに、カタカナを覚えていく。

ひらがなと関連づけて覚える
- 身近な単語のひらがなとカタカナを併記し、ひらがなの読みをとおしてカタカナを覚えていく。
- ひらがなと形が同じ、または似ている文字をカードにし、先に覚えていくようにする。

間違えやすい字、字体の似ている字に注目する
- 間違えやすい文字を抜き出し、プリントなどに取り組みながら、字体の似ている部分と違いに注目させて覚えていくようにする。

例　ひらがなと形が似ている文字から覚える

う⇔ウ　か⇔カ
へ⇔ヘ　せ⇔セ
り⇔リ　や⇔ヤ

例　ツ・シ・ン　など

留意点
■ とくに「書くこと」に抵抗感がある子どもに対しては、まず「読むこと」を目標にした支援法を選択する。

| 支援教材 | **身近な名前プリント** |

1 「読む」ことにつまずく子ども

身近な物の絵やひらがなの表記を手がかりにカタカナを学習する

特　長

カタカナという「新しい文字」を、身近な物や、動物などの読みをとおして覚えていく活動。ひらがなとカタカナを楽しみながらマッチングさせて覚えていく。

使い方

● 絵とひらがなを手がかりにして、カタカナを読んでいく。

このような場面で

▶ 通常の学級での一斉指導で
▶ 通級指導教室等での個別指導で
▶ 家庭学習で

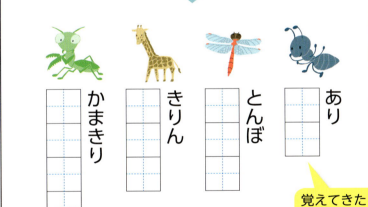

覚えてきたら、書く練習につなげてもよい

point
● カタカナの特性を理解し、時間をかけて支援していくことが定着につながる。
● 漢字は表意文字であることから、ある程度字そのものに意味を持たせることができるが、カタカナはひらがな同様に表音文字のため、字そのものには意味がなく、子どもにとって音と字のマッチングができなければ読めない。また、ひらがなの習得にかける時間に比べ、カタカナは圧倒的に少ないことも背景因と考えられるため、事例のような点に配慮して時間をかけて支援していくことが大切。

カタカナが正しく読めない❷

つまずきのようす
△ 似ている文字を間違えて読む
△ 文字を見て、音を思い出すのに時間がかかる

こんな支援を！ ▶ 絵カードを手がかりにカタカナとひらがなをマッチングさせて覚える

指導事例　カタカナ絵カードでの学習

　1日に数枚、絵を見ながら文字の読みを確認し、かるたのように「カタカナ絵カード」を並べて、先生の言った文字のカードを取らせる。慣れてきたら、次のような方法で学習していく。

● 「ツとシ」「ンとソ」「マとア」など、形の似ている文字を抽出して読みの練習を行う。

● 1文字ずつ連続で提示して読ませる。

● 文字のみが書かれた裏面を並べて取らせる。

留意点
■ ひらがなをきちんと習得しているか確認してから行う。
■ 間違えやすい文字（形の似ている文字）などを指導する場合は、似ている部分や違いに留意するよう助言をしながら支援する。
■ 苦手意識を持たずに取り組めるよう、段階を踏んで自信が持てるまでくり返し行っていく。

| 支援教材 | カタカナ絵カード |  08_カタカナ絵カード.pdf |

1 「読む」ことにつまずく子ども

特長
絵とひらがなを手がかりに、カタカナの読みを覚える活動。

このような場面で
▶ 通級指導教室・特別支援学級での個別指導で

手がかりから、ひらがなとカタカナをマッチングさせる

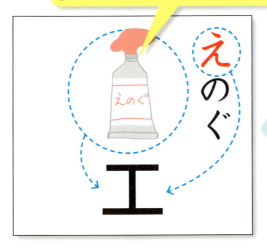 ⇔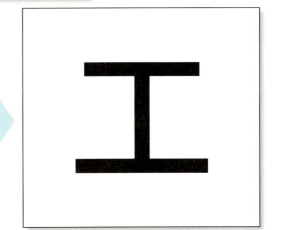

表 絵と文字（ひらがな・カタカナ）　　**裏** 文字のみ（カタカナ）

 ⇔

point
● 読むことと同時にカードを見ながら書くなど、書くことの指導もあわせて行うようにする。

読む 12 カタカナが正しく読めない ❸

つまずきのようす
△ 文字を見て、音を思い出すのに時間がかかる
△ カタカナで書かれた単語を読むときに、詰まったり、読み違えたりする

こんな支援を！ ➡ ◯ 絵を手がかりに正しい読みを考えて覚える

指導事例　ことば探しシートによる指導

❶ 単語を表した絵の下に、その絵の読みとして正解の単語と、よく似た不正解の単語を書いた用紙を作成して提示する。

提示する単語の組み合わせの例
段階1： 文字のつづりがまったく異なる語（同じ仲間であったり、意味は似ている）

段階2： 同じ文字からなるが、文字の順序が異なる語

段階3： 語尾が異なる文字と置き換えられている語

段階4： よく似た文字と置き換えられている語

単語を表す絵

❷ 正しい単語を指すことができたら、先生が用紙をめくりながら、次々と違う絵と単語が書かれたシートを提示していく。
❸ 時間を計測しながら、5～10枚ほどを先生と競争するなど、ゲームのように取り組ませる。

留意点
■ 苦手意識を持たずに取り組めるよう段階を踏み、自信がもてるまでくり返し行うようにする。

| 支援教材 | ことば探しシート |

09_ことば探しシート.pdf

「読む」ことにつまずく子ども 1

特長
苦手なことに対する抵抗が強いが、視覚的に関係性を捉えるのは得意な子どもなどに、絵を手がかりにしてカタカナの読みを覚えられるよう活用できる。

使い方
- 単語を表す絵と、その名前の正解の単語、似ている不正解の単語を記載したカードを作る。
- 子どもに提示し、正しい単語を答えさせる。
- 少しずつ難易度を上げながらカタカナを覚えていく。

このような場面で
▶ 通級指導教室・特別支援学級での個別指導で

段階1 文字のつづりが異なる語
➡ カニ・エビ／ネコ・イヌ など

段階2 文字の順序が異なる語
➡ カニ・ニカ／ネコ・コネ など

段階3 語尾の文字が異なる語
➡ サル・サイ／アイス・アイコ など

段階4 似た文字と置き換えられている語
➡ タマ・クマ／マリ・アリ など

point ● 5〜10枚ほどをできるまでの時間を計時し、教師と競争するなどして、ゲーム的に取り組ませる。

43

読む 13 適切な速さで読めない（早い/遅いなど）

つまずきのようす
△ 音読や会話でことばに詰まったり早口になったりしてしまう
△ 読むのが遅い

こんな支援を！
○ 「早口ことば」で読みの練習をする

指導事例　早口ことばで読む練習

❶ 子どもに「早口ことばカード」を見せて、一度自由なスピードで読んでもらう（ここでは、読みのスピードに関する指導は行わない）。

❷ 次に、同じ文章を先生が読み、子どもに同じ速さで復唱してもらう。これをくり返し、先生は標準的な速さをベースに、早く読んだり、ゆっくり読んだりと読むスピードを段階的に切り替えていく。

❸ さまざまな読みの速さ（3段階以上）で練習し、自分にあった速さや読み方を見つける。見つけた読み方で、スムーズに読めるようになるまでくり返し練習する。

子どもが自由な速さで読む

先生は読むスピードを変える
先生の速さに合わせて読む

留意点
■ 失敗へのプレッシャーが強いことも予想されるので、多少うまくいかなくても厳しく指摘しない。一概に「早口はダメ」と指導するのではなく、逆に早口になってもよい教材を活用し、話すことへのプレッシャーを軽減するよう心がける。

| 支援教材 | 早口ことばカード |

10_早口ことばカード.pdf

1 「読む」ことにつまずく子ども

なまむぎ　なまごめ　なまたまご

あかぱじゃま　あおぱじゃま　きぱじゃま

となりの　きゃくは　よく
　　　　　　　かきくう　きゃくだ

かえるひょこひょこ　みひょこひょこ
あわせてひょこひょこ　むひょこひょこ

特長
「早口ことば」をさまざまな速さで読む練習をし、そのなかで課題である「ゆっくり読む」ことも意識させる活動。

使い方
● 子どもは自由な速さで早口ことばをよむ。

● 次に、先生に復唱しながら、読むスピードを変えていく。

● さまざまな速さのなかから、自分にあった速さを見つける。

このような場面で
▶ 通級指導教室での個別指導で

ゆっくり読むことの練習
ゆっくり読むことの練習では、メトロノームを使用して1拍1文字程度の速さで練習をするとよい。メトロノームのスピードは子どもに決めさせてもよい。

メトロノームはアプリをダウンロードし、タブレットなどで提示してもよい

読む 14 ひらがな・カタカナ・漢字の混ざっている文がスムーズに読めない

つまずきのようす
- △ 音読の際にスムーズに読めない
- △ 単語のまとまりで読めない

こんな支援を！
- 〇 文字を色分けするなど視覚的に工夫する
- 〇 一緒に音読して読みの支援を行う

指導事例　教科書を視覚的に工夫する

● 教科書の該当ページをコピーし、カタカナの部分に視覚的な工夫をする
- 蛍光ペンで塗る
- カタカナを〇で囲む
- スラッシュで区切りを入れる　など

〇で囲む

そのとき　カエルが　ケロケロ　となきな　ピョン　とはねまし

● 一緒に音読し間違えやすいところを意識させる
① 子どもと先生が声をそろえて教科書を読む。
- 音読したときに、子どもが省略したり置き換えたりして読んだところに印をつける。
- 省略したり置き換えたりしたことに子ども自身が気がつき、読み直したらほめる。

② 読み終えたら、印がついた一文を読み直す。そのとき、読んでいるところから後ろの文章は音読補助シート（49ページ参照）などで隠す。

③ ２回目からは、先生は小さめの声で子どもの声に寄り添うようにして読む。

④ 正確に読めたところは印を消し、うまく読めた実感を持たせる。

● デジタル教科書（次ページ）を取り入れて読みの支援を行う

留意点
- ■ 指でなぞりながら読むだけで、読み間違いが減る場合もある。
- ■ 単語のまとまりで読めない子どもには、文節ごとにスラッシュを入れる。
- ■ 音読のとき、複数の子どもと一緒に読む、短い文章を読むなど工夫して、子どもが"うまくできた"と実感できるようにすることが大切。

支援教材　マルチメディアデイジー教科書

公益財団法人日本障害者リハビリテーション協会
http://www.dinf.ne.jp/doc/daisy/

「読む」ことにつまずく子ども

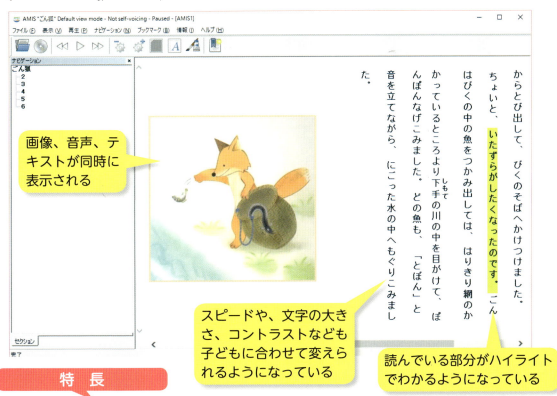

- 画像、音声、テキストが同時に表示される
- スピードや、文字の大きさ、コントラストなども子どもに合わせて変えられるようになっている
- 読んでいる部分がハイライトでわかるようになっている

特　長

視覚障害者や印刷物を読むことが困難な人々のためのデジタル録音図書。教科書の読み上げや、どこを読んでいるのかを視覚的に提示するなどの機能がついている。
- 通常の教科書と同様のテキスト、画像を使用し、テキストに音声を同期させて読める。音声を聞きながらハイライトされたテキストを読み、同じ画面上で絵をみることもできる。
- 色分けされるため、視覚弁別の手がかりとなる。
- 子どもに合った読みのスピードを選択できる。

利用方法
- デイジーのwebサイト（http://www.dinf.ne.jp/doc/daisy/）より教科書のダウンロードの申請を行う。
- 申請許可後、各学年の教科書のデータをダウンロードし、ソフトウエアで再生する。

このような場面で

▶ 通級指導教室での個別指導や音読場面で

予習の形で取り入れることで、自信を持って授業にのぞめるよう配慮する。パソコンによる通常の学級での一斉指導でも活用できる。

読む 15 — 文字や行などを飛ばして読む

つまずきのようす
△ 一度にたくさんの文字が提示されると、どこを読んでいるかわからなくなる

こんな支援を！ ○ 支援教材を使って読みを支援する

指導事例　音読補助シートを活用する

活用までの通級指導教室での手順

① 使っている教科書を読み、どんなことに困っているかを本人と確認する。
② 文字が多い、どこを読んでいるかわからなくなるという理由であれば、以下の方法を試し、どの方法が効果的かを確認させる。

- 1文ずつ提示した文章を読む
- 1行ずつ定規や下敷きで目隠しした教科書を読む
- 指さしをさせながら読む
- 音読補助シートを使って、教科書を読む

③ 音読補助シートを使って読むことが効果的であると実感できるようであれば、本人とそれが必要な支援であることを確認し、「上手に読むために」活用を勧める。
④ 次回通級時に活用した感想を聞き、シートの改良（スリットの大きさなど）が必要であれば行う。

通常学級での手順

① 音読補助シートを持ってきたときに使用を認める。
② 使うことで、読みが上手になった場合は評価する。

留意点

■ 学級全体で、補助教具を活用できるような雰囲気をつくっておくことが重要。教材を使う際にほかの子どもから指摘されるようなことがあると、子どもはどんなに有効であるとわかっていても使用しなくなる。「これを使うと上手に読めるんだ！」とみんなに言えるような、本人への有効感と学級の雰囲気づくりが重要。対象児以外にも約束を決めて、使用を認めてもよい。

支援教材	**音読補助シート**

「読む」ことにつまずく子ども

シート

たおれて いた 花の じくが
また おきあがります。
せのびをするように、ぐんぐん
のびて いきます。 そうして、

> 前後が目隠しされ、読んでいる行に集中できる

特長

読んでいる行に合わせることで、読む場所に注目しやすく、前後の文章を目隠しができるため、現在の進度がわかりやすい。文字や行を飛ばしてしまう子どもに活用できる。

● 工作用紙などで簡単に作成できる。

● 子どもに合わせて使いやすい色や素材を選択するとよい
- スリットの大きさを変える（１行分、２行分など）
- ハイライト部分は、子どもが見えやすい色を選ばせる（青、黄色、白など）
- 厚紙など不透明な素材だと次の文章へスムーズに移れない場合は、プラスチックなどの半透明な素材にする
  　　　　　　　　　　　　　　　 など

スリット入りシート

おきあがります。 そうして、
せのびをするように、ぐんぐん
のびて いきます。

> ハイライトの色も、子どもが見やすい色に変えるなど工夫するとよい（図の例は緑色）

『たんぽぽのちえ』
光村図書小学２年上より

このような場面で

▶ **通級指導教室での個別指導で**
使用方法の定着まで活用する。読みやすさを実感したあとは、通常の学級で読む活動の際に使用する。

point

● 補助教具を活用して「読みが上手になった」「楽になった」と実感させることが重要である。まずは通級指導教室などの個別場面で活用して実感させ、通常の学級での使用を目指すとよい。

● 子どもによって、使いやすいスリットの大きさやハイライトの色は異なるため、子どもが先生と相談しながら自己決定できる状況をつくるとよい。

読む 16 省略したり置き換えたりして読む（勝手読み）

つまずきのようす

- △ 声に出して読むことに注意がそがれ、文の詳細な表現に注意が及ばない
- △ 文末や助詞などを頻繁に読み間違える
- △ 音が似ている別の単語と読み間違える

こんな支援を！ ➡ ○ 他者の音読を聞いて間違いに気づかせる

指導事例　音読間違い探し

❶ 子どもは先生の音読に合わせて、「音読間違い探しプリント」を黙読する。
❷ 次に先生が音読する。音読中、わざと文末や音が似ている別の単語に読み間違える。

読み間違いの例
<u>日本一</u> のいいむすめになりました
　　↓
<u>世界一</u> のいいむすめになりました

❸ 子どもは、先生の読み間違いに気づいたら、○✕ブザーなどで指摘して正しい読み方に訂正する。
❹ 先生は、指摘が正しければ次に進む。指摘が間違っている場合は訂正する。

○✕ピンポンブー

ボタンを押すと光と音が鳴り、正誤を知らせることができる。

株式会社 ジグ
http://www.kk-jig.com/products/orderno_7655/

留意点
■ 指導者の音読のスピードは、子どもの実態にあわせて適宜調整する。
■ 全体の文章量と間違いの数や誤読のしかたは、子どもの実態にあわせてレベル調整する。

| 支援教材 | **音読間違い探しプリント** |

11_音読間違い探しプリント.pdf

「読む」ことにつまずく子ども

間違い探し用プリント
正しい物語の文章が表記されている

1

むかし、むかし、ある家のおくらの中に、お米をもって、麦をもって、豆をもって、たいそうゆたかに暮らしているお金もちのねずみが住んでおりました。
子どもがないのでかみさまにお願いしますと、やっとおんなの子が生まれました。その子はずんずん大きくなって、かがやくほどうつくしくなって、それはねずみのお国でだれひとりくらべるもののない日本一のいいむすめになりました。
こうなると、もうねずみのなかまには見わたしたところ、とてもむすめのおむこさんにするような者はありませんでした。ねずみのおとうさんとおかあさんは、「うちのむすめは日本一のむすめなのだから、なんでも日本一のおむこさんをもらわなければならない」と言いました。

出典：楠山正雄『ねずみの嫁入り』

指導者用プリント
数か所、わざと表記を変えて作成する

1

むかし、むかし、ある家のおくらの中に、お米をもって、麦をもって、豆をもって、たいへんゆたかに暮らしているお金もちのねずみが住んでいました。
子どもがないのでおうさまにお願いしますと、やっとおとこの子が生まれました。その子はずんずん大きくなり、かがやくほどうつくしくなり、それはねずみのお国でだれひとりくらべるもののない世界一のいいおむすびになりました。
そうすると、もうねずみのなかまには見わたしたところ、とてもむすめのおやかたにするような者はありませんでした。ねずみのおとうととおかあさんは、「うちのむすめは日本一のむすめなので、なんでも日本一のおむこさんをもらわなければいけない」と言いました。

使い方
- 物語などの文章のプリントを2枚作成する。
- 1枚目は正しい文章、2枚目は数か所表記を変える（子どもの実態にあわせて漢字には振り仮名を振る）。
- 音読し、子どもに間違いを指摘させる。

このような場面で
▶ 通級指導教室での個別指導で

通常の学級での放課後の補充指導や、一斉指導での応用も期待できる。

point ● 意欲と集中を維持させるために少人数のグループ指導で行うとよい。

51

読む 17 似ている文字を間違えて読む

つまずきのようす
△ 形の似ている文字を読み間違える
（「め」と「ぬ」、「れ」と「ね」と「わ」、「ろ」と「る」など）
△ 視空間認知が弱いために、文字の細部に気づかない

こんな支援を！
○ 形の違いがわかるように文字の一部に焦点をあてて示す

指導事例　文字の特徴に注目する

❶ 子どもが似ていて間違えやすい文字を確認する。
❷ 「紙皿文字」を作り、先生がゆっくり切れ目を動かし、子どもに出てくる文字を予想させる。
❸ 活動を何度か行い、文字の「形の違い」を確認したら、紙皿の文字を使った単語を考えさせる。

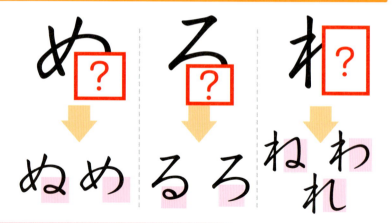

単語例
「め」と「ぬ」 ➡ 「か**め**」「**ぬ**りえ」　　「ろ」と「る」 ➡ 「**ろ**ば」「**る**すばん」
「れ」と「わ」 ➡ 「**れ**もん」「**わ**に」　　　　　　　　　　　　　　　　など

❹ 色鉛筆やクレヨンなど、子どもの好きな筆記具で考えた単語を書く練習をさせる。

留意点
■ 単語を書くときは、マス目が大きいプリントなどを用意する。
■ 筆記用具は、色鉛筆やクレヨンなど自分で好きな筆記具を選ばせると、興味をもって取り組むことができる。

支援教材　紙皿文字

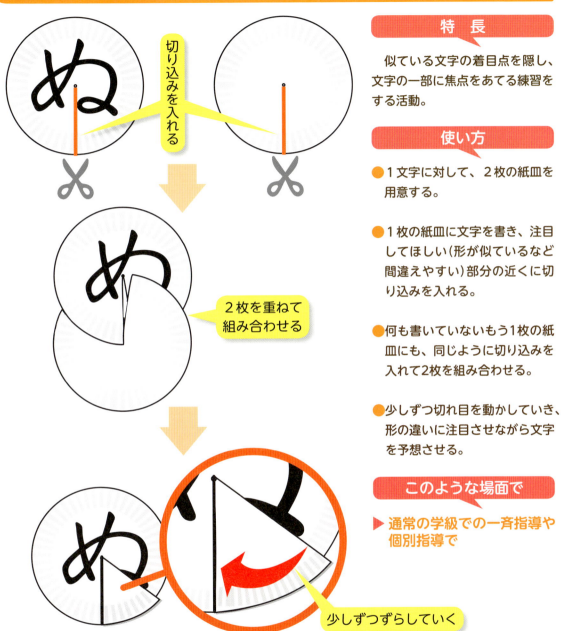

特長
似ている文字の着目点を隠し、文字の一部に焦点をあてる練習をする活動。

使い方
- 1文字に対して、2枚の紙皿を用意する。
- 1枚の紙皿に文字を書き、注目してほしい(形が似ているなど間違えやすい)部分の近くに切り込みを入れる。
- 何も書いていないもう1枚の紙皿にも、同じように切り込みを入れて2枚を組み合わせる。
- 少しずつ切れ目を動かしていき、形の違いに注目させながら文字を予想させる。

このような場面で
▶ 通常の学級での一斉指導や個別指導で

「読む」ことにつまずく子ども

point ● 活動に慣れてきたら、子ども自身に紙皿を操作させると意欲が継続しやすくなる。

読む 18 漢字が読めない ❶

つまずきのようす △ 読むことの苦手意識が強いために、漢字を覚えることをあきらめてしまう

こんな支援を！ ▶ ○ 身のまわりの「生活漢字」を見つけて読む練習をする

指導事例　生活漢字を探す

❶ 子どもにデジタルカメラを持たせ、指導者と校内を歩き、漢字が書かれている表示物を見つけさせる。

❷ 表示物を見つけたら、先生は表示物の漢字の読み方と意味を子どもと一緒に確認する。

❸ 子どもに、気に入った表示物の写真を撮ってもらう。

❹ 先生は撮った写真を印刷し、漢字の読み方を子どもと再確認する。

❺ 子どもは、覚えた漢字の写真をファイルに綴じる。

留意点

- デジタルカメラを子どもに持たせ、興味をひく漢字に注目するようにうながす。
- 活動に慣れてきたら、ペットボトルや牛乳パックなどの漢字表示や、広告に書かれている漢字などへと興味の対象を広げるようにする。

| 支援教材 | **生活漢字ファイル** |

「読む」ことにつまずく子ども

学校内にある漢字の書かれている表示物を見つける

使い方
- 子どもがデジタルカメラで撮った「生活漢字」の写真を印刷し、ファイルに綴じる。
- 漢字指導の導入時に、ファイルの漢字の読み方を確認する。

このような場面で
▶ **通級指導教室での個別指導で**
家庭学習の課題としての活用も期待できる。

子どもがデジタルカメラで撮影する

撮影した掲示物を先生がプリントアウトし、ファイルに綴じる。子どもが収集したチラシや包装紙、食品のパッケージなどをファイリングしてもよい

参考文献
永井智香子，守山惠子「『生活漢字』教材作成の試み」長崎大学留学生センター紀要　第8号, 31-41, 長崎大学 (2000)

point
- 子どもにとっての漢字の学習は、「国語の教科書に出てくる新出漢字を覚える」という意味合いは強いが、「生活のなかに漢字はたくさんあり、それを読むことができるようになると、自分の生活が便利になる」という実感をもたせることが大切。

漢字が読めない❷

つまずきのようす
- △ 教科書の音読場面などで正しく読むことができない
- △ 漢字の読みが定着しない
- △ 形を見て、音や意味を関連づけたり、想起したりすることが難しい

こんな支援を！ ▶ ○ 絵から読みを想起する

指導事例　絵で漢字を読む練習をする

❶ 子どもが読みを正しく覚えていない漢字を確認する。
❷ 漢字とそれを表す絵が描かれたカードの半分を隠し、はじめは絵だけを見せて、隠れている漢字を当てさせる。絵の意味から推理するようにアドバイスし、クイズ形式で進める。
❸ 正しく言えても言えなくても、漢字の形をしっかり見せて、読み方につながるキーワードや、覚えるポイントを伝える。
❹ 全部言えるようになったら、今度は絵を隠し、漢字だけを見せて、読み方を言わせて確認する。

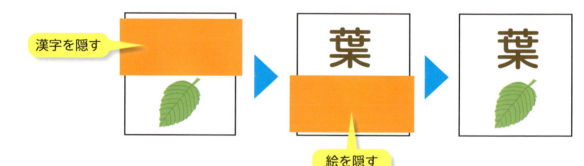

留意点
- 漢字には「形」「読み方」「意味」の３つの要素があるが、それらを関連づけられないと、なかなか定着しない。
- 一般的な教え方である「形を見せ」→「読み方を伝え」→「短文などで意味を確認する」方法では関連づけが難しい場合、逆に「意味を伝え（イラスト）」→「音声化し（読み方）」→「形を確認する」方法のほうが、学習効果が得られることも多い。

| 支援教材 | 意味からおぼえる **漢字イラストカード** |

かもがわ出版
http://www.kamogawa.co.jp/kensaku/jyanru/syogai_card.html

特長
漢字を覚える要素のうち、「意味（イラスト）」から、「読み方」や「形」へと関連づけを図る教材。

使い方
- 漢字1文字毎に1枚のカードで構成されており、取り組む漢字を選べる。
- カバーなどをかぶせて、上部（イラスト）または下部（漢字）の一方を隠して提示することができる。
- 裏面には、読み方や書き順、例文が書いてある。
- 文字をはじめからくり返し書く方法ではないため、書きの困難がある子どもにも取り組みやすい。

このような場面で
▶ **通級指導教室での個別指導で**
使用方法の定着まで活用する。読みやすさを実感したあとは家庭などで自ら取り組める。

1 「読む」ことにつまずく子ども

表
漢字と絵が記載されている

裏
読み方・書き順・例文が記載されている

point ● 教材を使い、覚えやすくなったと本人が実感できることが重要。

読む 20 漢字の音読み・訓読みが正しくできない

つまずきのようす
△ 教科書やプリントを読むときに、音読み、訓読みが正しくできない
△ ことばを一度聞いただけでは覚えられず、語彙が少ない

こんな支援を！ ▶ ○ 「目で見る」「音読する」などいろいろな感覚で覚える練習をする

指導事例　いろいろな方法で文字を覚える

❶ 漢字の成り立ちを確認し意識させる

❷ 漢字の訓読み・音読みを教える
　例▶ 訓読み……ちいさい・こ・お
　　　音読み……ショウ

❸ その漢字を使ったことばを見つける
　例▶「小さい」「小学校」「小鳥」

❹ その漢字を使い、文を作ってみる
　例▶「小さい花を見つけた」
　　　「小鳥はかわいい」

❺ 作成した文章を子どもに音読させる

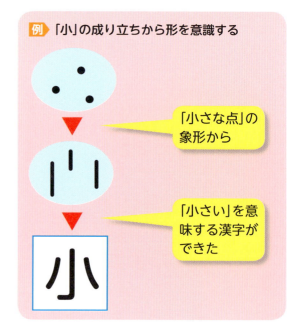

例▶「小」の成り立ちから形を意識する

「小さな点」の象形から

「小さい」を意味する漢字ができた

留意点
■ 耳慣れないことばの熟語や音読みの漢字は覚えにくく、自分が間違って読んでいてもそれに気づけない子どももいるため、子どもが正しく読めているかどうかを確認する必要がある。間違っていた場合は、正しい読み方を言って教えるだけではなく、文字にして視覚的にも提示すると、どこが間違っていたかがわかりやすくなる。

支援教材　漢字マッチングカード

特長
特定の漢字を使った単語や熟語でカードを作成し、文字と読みのマッチングをしていく。

使い方
- 先生は、子どもが読めない漢字が使われていることばの単語や熟語をたくさん出して、カードを作成する。
- ならべて見せたり、トランプの神経衰弱のように読みと文字が合うカードを探させたりしながら、漢字の音読み・訓読みを覚えさせていく。

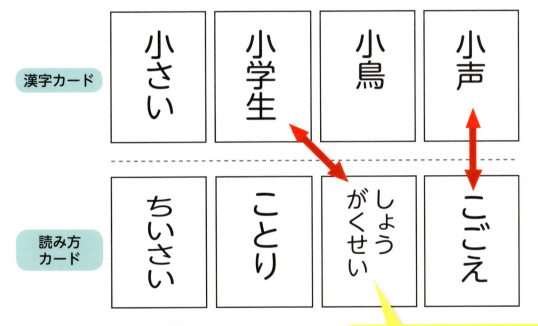

漢字カード：小さい／小学生／小鳥／小声
読み方カード：ちいさい／ことり／しょうがくせい／こごえ

マッチングするカードを選んでいく

このような場面で
▶ 通常の学級で、新出漢字や読み替え漢字を練習するときに

point
- 子どもの日常生活のなかでよく耳にすることばを使い練習すると、より理解しやすくなる。
- なかなか読み方を覚えられない漢字には、振り仮名を振ってあげると視覚からも覚えやすくなる。また、正しく読めるという安心感から自信をもって音読練習ができるようになり、体感的に読みを覚えていくことができる。

「読む」ことにつまずく子ども

読む 21 音読はできるが意味の理解が難しい ❶（国語）

つまずきのようす
- △ 音読はできても文の内容の理解が難しい
- △ キーワードの意味の理解や全体の文脈の理解が難しい

こんな支援を！
○ 文章の内容に即した視覚的補助で、意味理解をうながす

指導事例　紙芝居により視覚的補助を提示する

❶ 音読の前後に、内容に関する写真や絵、図などの視覚的補助を提示し、提示した絵について、いくつかポイントになることを確認する。
❷ 子どもに文章の音読をさせる。
❸ 写真や絵、図をもとに、先生が子どもに内容についての質問をしながら、文章の意味理解をうながしていく。

なにが？　いつ？　どうなるの？

> この ころに なると、それまで、たおれて いた 花の じくが、また おき上がります。そうして、せのびを するように、ぐんぐん のびて いきます。
>
> 『たんぽぽのちえ』光村図書小学2年上より

point ● 対象児だけではなく、通常の学級でも単元学習をはじめる前に提示すると、音読の際の内容理解をうながすことができる。

| 支援教材 | **あらすじ紙芝居** | | 1 |

簡潔にしたあらすじ / 内容に即した図や写真

たんぽぽのちえ

春になるとたんぽぽのきれいな花がさきます。二、三日たつとだんだん黒っぽいいろにかわってきます。

花のじくは、地面にたおれ、たねを太らせるのです。

このころになると、せのびをするようにぐんぐんのびていきます。せいを高くする方が、わた毛に風がよくあたるからです。

よく晴れた風のある日、わた毛のらっかさんはとおくまでとんでいきます。

しめり気のある日には、らっかさんは、すぼんでしまいます。わた毛が、しめってたねがとおくまでとばないからです。

特長
音読の前に、図や写真で「あらすじ」を理解させることで、文章の意味理解をうながすことができる。

使い方
● 学習する物語の内容に関する内容の写真や絵などをつかい、あらすじに沿って内容を簡潔にした『紙芝居』を作成する。

● 音読の前に提示して、文章の意味（あらすじ）を理解させてから学習に入る。

このような場面で
▶ 通常の学級での一斉指導や個別指導で
▶ 学習の「はじめ」や「終わり」に
学習のはじまり（音読の前）や終わり（音読や学習の振り返り）に、内容の確認として活用する。

たんぽぽは、いろいろなちえを　はたらかせてなかまをふやすのです。

「読む」ことにつまずく子ども

読む 22 音読はできるが意味の理解が難しい❷（算数）

つまずきのようす
△ テストなどで、問題文の細部を読まずに思い込みで誤答してしまう

こんな支援を！
○ 一学年下のレベルの文章問題に取り組む

指導事例　文の細部を読み解く練習

❶ 文章題のプリントを提示する。
❷ 子どもは問題文を音読し、問題を解く。
❸ その間先生は、つねにようすを見て、子どもの発するつぶやきや立式方法から誤答しそうになっていたら、○×ブザーの「×」で知らせる。
❹ 子どもはそのつど問題を見直し、訂正する。
❺ 先生は、子どもが誤りに気づき、正しく訂正できたら、○×ブザーの「○」で知らせる。
❻ 解答の採点をし、正解なら次の問題に進む。

誤答しそうになっていたら知らせる

留意点
■ 子どもの気づきをうながすため、正誤はブザーのみで知らせ、具体的な指摘や説明は極力控えるようにする。
■ "間違いを訂正できたこと"をほめ、文の細部を読み解くことと、修正することの大切さを伝えるよう努める。
■ 四則計算が定着していて、算数が好きな子どもにとくに有効。

| 支援教材 | ハイクラステスト算数 |

株式会社 増進堂・受験研究社
http://www.zoshindo.co.jp/elementary/291/

当該学年の問題集では、計算を解くことに注意が削がれ、問題文に集中しづらい。計算の負荷を軽減し、問題文の意味理解に注意を集中するため、一つ下の学年の問題集を選択する。

特長

● 計算が得意で、下学年までの算数の学習内容がよく定着している場合にとくに効果的。

「読む」ことにつまずく子ども

ハイレベルな書き込み式の問題集。ステップ式で学習を進められるようになっていて
● 標準クラス問題
● ハイクラス問題
● チャレンジテスト
● 仕上げテスト
などが掲載されている

このような場面で

▶ 通級指導教室での個別指導で
通常の学級の放課後の補充学習や、家庭学習の課題としても活用できる。

point
● 自分の間違いを見つけて訂正できた達成感を感じられるよう、ことばがけをしていく。
● 細部に注意を向けて問題を最後まで読むことが意識できると誤答が少なくなり、意欲を高めることができる。

子どもの意欲を引き出すために

 ### 努力だけでは難しい

　通級指導教室や個別の指導場面で課題に取り組ませる際、子どもの学ぶ意欲を引き出すにはどうしたらよいのでしょうか。「なかなかやる気が出ない」「苦手なことには取り組もうとしない」などは、よく聞くことばです。

　しかし、子どもの立場に立って考えてみるとどうでしょう。「苦手なことをやらされる」「できないと言っているのに『やれ』と言われる」ということになってはいないでしょうか。

　学習上の困難さは、子どもの認知特性と関連していることが多く、努力だけでどうにかなるものではありません。また、「できない」ということは、その子どもの弱い能力と関係していることが多いので、子どもにとって苦手なことへのチャレンジは、とてもハードルの高いことだという認識が必要です。

　たとえば、自分に置き換えて考えてみてはどうでしょう。運動が苦手だけれどダイエットをしたいときや、人前で話すことが苦手なのにスピーチをたのまれたら、どんな工夫をしますか？　少しでも自分のやりやすい方法を探すのではないでしょうか。または、自分へのご褒美（ほうび）を準備したり、分量や時間を決め少ない量からはじめたり、比較的簡単な課題から取り組むなどといった工夫をするかもしれません。それは、子どもも同じです。苦手なことに取り組ませるなら、興味のあることを活用した問題を作ったり、その子どものやりやすい方法の検討が重要です。分量の調整、ご褒美の準備も大切ですね。

 ### 自ら学ぼうと思える工夫を

　また、これらの前に、まずは子どもの認知特性についての実態把握が必要です。そのうえで、子どもの得意不得意をどう活用するか検討してください。学習は修行ではありません。子どもたちが自分にとってより取り組みやすい方法を見つけ、そのやり方で「できた」という経験を積み、意欲を持って自ら学ぼうとすることが大切だと考えます。そうでなければ、小学校から高等学校以降までの長い期間学び続けるのは、とても難しいと思います。「やってみたらできた」「がんばったらできた」という成功体験はとても重要です。その積み重ねのなかで、新しいことにもチャレンジしようとする勇気がわいてくるのだと思います。

　子どもたちがいつまでも学ぼうとする意欲を持ち続けられるように、ぜひ、学ばせる方法を工夫してみてください。

小さい「つ・ツ」は、どこにはいるかな？

41_ふろく1.pdf

小さい「つ・ツ」が 入る ところに 「∧マーク」をいれましょう。

- みずが いぱい はいている コプ
- えきで きぷを かて しゅぱつする
- うかりして たいへんな しぱいを した
- いせいのせいで にらめこを する
- せんせいが しゅせきを とた
- サカーで ふくが まくろに なた
- ポケトに てを いれるのは みともない
- きゅうこうれしゃが てきょうを とおる
- やまの てぺんに はたが たている
- こおりで すべて ころがた
- まくらな よるの みちを はした
- リュクサクを しょて しゅぱつする

65

どんなものかな？

右の絵を見て 4つのしつもんに 答えましょう。

1

1．なにのなかまですか？
2．なに色ですか？
3．どんな味がしますか？
4．どこにありますか？

2

1．なにのなかまですか？
2．なに色ですか？
3．どこにいますか？
4．なにをたべますか？

3

1．なにのなかまですか？
2．なに色ですか？
3．だれがのりますか？
4．どんな音がしますか？

つづけて読んでみよう！

それぞれの文字(もじ)を、つづけて読(よ)んでみましょう。

2文字(もじ)

あか　うえ　きた　かた　こま　つえ　いえ
ふね　ゆり　かさ　くさ　ける　こな　すな
せみ　もち　てつ　とち　なわ　はり　ひま
へた　ほん　めも　ゆか　らく　りか　るす

3文字(もじ)

あした　いるか　ぬりえ　おなか　さかな
しんし　せなか　そせん　つづき　てんき
といれ　なかま　ぬるい　ねまき　のはら
ふるい　へいき　むすこ　めあて　よそみ

4文字(もじ)〜5文字(もじ)

あやとり　いすとり　あいうえお
かきのみ　くわのみ　かきくけこ
たこいと　つりいと　たちつてと
なのはな　ののはな　なにぬねの
はるのひ　ふゆのひ　はひふへほ

67

かんがえてみよう！

44_ふろく４.pdf

絵をみてかんがえてみましょう。

1．ふたりはなにをしていますか？
2．ふたりはこれからなにをして遊ぼうと思っていますか？
3．どうしてふたりはまだ遊んでいないのですか？
4．ふたりはどんな気持ちでしょう？
5．こんなときあなたならどうしますか？
6．このあとどうなると思いますか？
7．あなたのことを教えてください。
   - どんなおともだちと遊んでいますか？
   - あなたはいつもなにをして遊んでいますか？
   - この絵のようなことがありましたか？

「書く」ことにつまずく子ども

こんなことに困っている！

マス目や行から文字がはみだす
適切な大きさやバランスで書けない

筆圧が弱い（強い）
不器用だったり、鉛筆をきちんと操作できずに筆圧が安定しない

校 → 枚
話 → 䛅

文字の向きが逆になる
文字の向きが逆になったり、形の似ていたりする文字を混同する

見たり、聞いたりしながら書けない
話を聞いたり、黒板を見たりしながら書けない

check こんなようすもみられます

- 文字が正しく書けない
- 漢字を覚えて書けない
- 文字の形が整わない
- 書き順が覚えられない
- 送り仮名が覚えられない
- 単語をまとまりで覚えて書けない
- 作文が書けない
- 句読点が抜ける

2 「書く」ことにつまずく子ども

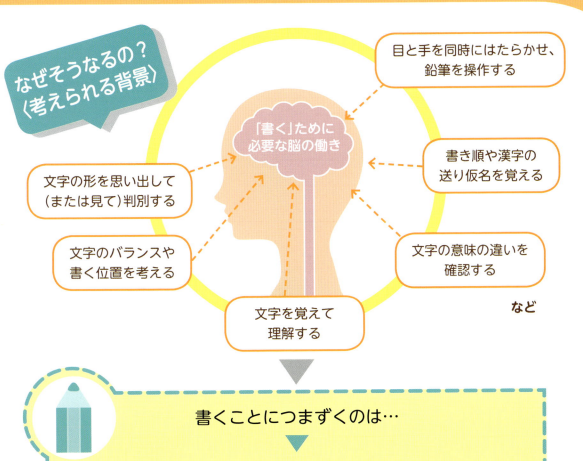

なぜそうなるの？〈考えられる背景〉

「書く」ために必要な脳の働き
- 目と手を同時にはたらかせ、鉛筆を操作する
- 書き順や漢字の送り仮名を覚える
- 文字の意味の違いを確認する
- 文字を覚えて理解する
- 文字のバランスや書く位置を考える
- 文字の形を思い出して（または見て）判別する

など

書くことにつまずくのは…

情報処理や認知の過程に不具合があり、手と目の動きを協調させるといったことがスムーズにできない

　文字を読めるのに、ひらがなやカタカナを左右逆向き（鏡文字）に書いたり、漢字をきちんと覚えたりできない、文字がマスや行から大きくはみだしてしまうなど、「書く」ことにつまずいてしまう子どもがいます。

　特別な支援が必要な子どもの場合、取り組む態度の悪さや、練習や努力不足がその理由ではない場合が多くあります。

　周囲の大人がそれを理解し、適切にサポートすることが必要です。

　その際、単に反復練習をさせるのではなく、「書く」ことの、どの段階でつまずいているのかを探りながら、文字の形や成り立ちを認識しやすくなる工夫をする、ゲーム感覚で楽しく文字を書く機会を増やす、さまざまな補助具を活用するなど、子どもが書くことを諦めないようなサポートが必要です。

71

ひらがなが書けない ❶ 覚えて書けない

つまずきのようす △ 形の似ている文字の区別がつかず、覚えられない（『あ・お』『く・へ』『ね・ぬ』など）

こんな支援を！ ○ 書き順に合わせた歌を作って覚える

指導事例　「ひらがな歌」で覚える

❶ ひらがなを行ごと（あ〜わ行）に分けて、それぞれの文字で「ひらがな歌」をつくる。
❷ ひらがな歌を歌いながら文字を書いていく。

あ行の「ひらがな歌」

文字とリズムを合わせて歌にする

あ → あいさつ　げんきに　がんばろう
い → いちごは　うまい
う → うさぎが　いっぱい
え → え　じょうずに　かけたね
お → おにぎり　いっぱいたべたい　ね

歌いながら文字を書いていく

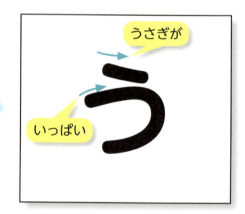

留意点

■ 歌の歌詞は、児童の知っていることばを使用するようにし、あ行・か行・さ行というように、行ごとに分けて練習していくようにする。
■ 聞いたことをすぐ忘れてしまう児童は、長い文を覚えることが苦手なため、「ひらがな歌」の歌詞とともに歌にあった絵を提示すると、より覚えやすくなる。

支援教材　ひらがなかるた

ひらがな歌

文字と内容に合った絵を入れる

特長

歌で文字を想起させ、覚えていく活動。聴覚記憶が弱く「ひらがな歌」が覚えられない子どもには、歌の内容をイメージしやすいように絵を加えた「ひらがなかるた」を提示しながら練習すると文字を覚えやすくなり、より定着しやすくなる。

使い方

- 「ひらがな歌」の歌詞と、内容に合った絵を描いた「ひらがなかるた」を作成する。

- 子どもはこのかるたの絵を見ながら、「ひらがな歌」を歌い、文字を書く練習をくり返す。

このような場面で

▶ 個別指導の学習場面で

2　「書く」ことにつまずく子ども

point
- 「ひらがなかるた」の提示や歌は、それらがなくてもひらがなを思い出せるように徐々に減らしながら練習していく。
- 「ひらがな歌」は、子どもと相談して作ると意欲的に取り組め定着しやすくなる。
- 文字を書くときは、書くことに対する抵抗を減らす（すぐ消せる、すらすら書けるようにするなど）ため、ホワイトボードを活用するとよい。

書く 2 ひらがなが書けない ② 手指の動きがぎこちない

つまずきの ようす

⚠ 板書の書き写しや筆算などをする場面で、書字が安定しない

こんな支援を！

⭕ **手先を使う遊びを体験する**

指導事例　トランプやゲームで手指を鍛える

活動の準備や片づけまでを子どもに行わせ、手指を使う体験を増やしていく。

遊び方：スピード

❶ 2人で向かい合って座る。
❷ ジョーカーを除き、トランプを黒と赤に分けてからシャッフルし、どちらかを持つ。
❸ 自分の場に、手札を2枚表向きに並べて置き、残りは裏にしたまま持つ。
❹ かけ声の合図とともに、自分の手札の一番上のカードの表を上にして2人同時に台場に置く。
❺ 台場の2枚の札の上に（自分と相手どちらが出したカードの上でもよい）、自分の場にある2枚の札から、番号続きになるカードを出していき、自分の手札がなくなるまで続ける。

番号続きの例：数字は番号が隣り合わせならば、上がっても下がってもよい
● 2 → 3 ← 4 → 3　　● Q → K ← Q　など

❻ 子どもがカードを片づける。

先生は、手札を置く場を子どもがわかりやすいようにテープで区切る

留意点
- 子どもの不器用さやルールの理解度に応じて、特別ルールを設けるなどレベルの調整を行う。
- 活動の切り替えが苦手な子どもには、キッチンタイマーやタイムタイマー（次ページ）を併用し、時間の見通しを提示するようにする。

支援教材① バイスクル ライダー バック（トランプ）

U.S.プレイング・カード社／
株式会社マツイ・ゲーミング・マシン
http://www.matsui-gaming.co.jp/bicycle/products/01.html

特長
独自に開発された素材で作られているため、滑りやすく耐久性もあり、子どもでもシャッフルや配布の際に扱いやすい。

タイムタイマー
時計盤に色がついており、残り時間が一目でわかる。音に敏感な子どもの妨げにならないように、時間になると小さなアラーム音で終了を知らせる。

株式会社
ケイ・ツー・エムプランネット
i－WANT（アイウォント）
http://iwant.shop-pro.jp/

「書く」ことにつまずく子ども

支援教材② スーパーサッカースタジアム（サッカーゲーム）

サッカー日本代表チームモデル クロスファイアストライカー
株式会社エポック社 http://epoch.jp/ty/soccer/sss_wcs/

特長
ゲームの準備段階からさまざまな操作が必要なため、手指を動かす練習につなげられる。

使い方
- 選手の人形やゴールポストをつけるなど、子どもにゲームの準備（組み立て）と片づけをさせる。
- 時間制限やルールを確認して遊ぶ。

このような場面で

▶ **通級指導教室での個別指導や余暇時間に**
「対人関係やルール理解が苦手」「過度に勝ち負けにこだわる」「数操作が弱い」といった子どもへのグループ指導や、先生対子どものダブルスなどで行ってもよい。

point
- 楽しく遊べたことをほめて成功体験を増やし、次の活動への意欲につながるようにする。

書く 3 カタカナを覚えて書けない

つまずきのようす
- △ プリントやノートにカタカナを書く場面で(カタカナ既習後)文字の形や傾きの左右が逆になる
- △ 形の似ている文字を間違える

こんな支援を！
○ 書き方(注意ポイント)を声に出しながら、指で大きくなぞって覚える

指導事例　声に出しながらなぞって覚える

❶ 子どもが間違いやすいカタカナ、混同しやすいカタカナを調べる。

傾きや方向が逆になる
- 「ミ」の傾きが逆　・「コ」「ヨ」の方向が逆　・「ナ」「ノ」の方向が逆　など

混同する
- 「ク」「ウ」「ワ」の混同　・「シ」「ツ」の混同　・「ソ」「ン」の混同　・「カ」「ヤ」の混同　など

❷ 書き方(注意するポイント)を声に出しながら、「カタカナ書き方シート」の大きな文字を指でくり返しなぞる。

❸ 次に鉛筆を持ち、ノートなどに同じように声に出しながら書いていく。

左右の位置関係に困難を示す場合も多い。左右いずれかの手首に、リストバンドなど目印になる物を付けて、「左」「右」を明確にして取り組むようにする。

留意点
- 見て書くだけでは形の違いや傾き、方向などを記憶しにくい子どもに対しては、ことばに出させたり、耳から聞かせたりして情報を補うようにする。
- 「左」「右」などの指示に応えて、鉛筆や旗を動かすトレーニングなどもあわせて行うと効果的である。

支援教材　カタカナ書き方シート

特長

「声に出す（聴覚）」「指を動かす（運動）」「なぞる（触覚）」のように、多くの感覚に同時に働きかけ、より記憶に残りやすくする学習。一文字だけ取り上げたり、混同しやすい文字とセットで練習したりできる。

注意するポイントを赤字で記入する

使い方

- 模造紙やＡ３コピー用紙などで大きな正方形を作る。
- カタカナを黒の太字、書き方（注意するポイント）を赤字で記入しておく。
- 声に出しながら大きな文字を指でなぞり学習する。

このような場面で

▶ 通級指導教室での個別指導で

「書く」ことにつまずく子ども

point

- 大きく腕全体を動かす運動から、細かく指先で鉛筆を動かす運動へと進める。
- 子どもと相談しながら、口ずさみやすいことばで書き方（注意するポイント）を示してもよい。

書く 4 ひらがなやカタカナが書けない

つまずきのようす
△ ひらがなやカタカナが想起できず、語彙が少ない
△ 文意を読み取ることが難しい

こんな支援を！
○ 類推文から文字を想起する

指導事例　類推文を読ませ答えを一緒に考える

❶ 解答のはじめの文字が、五十音別に統一された、類推文の問題プリントを用意する。
❷ こどもは問題に取り組む。取り組むなかで、解答がわからずヒントが欲しい場合は先生に伝える。
❸ 先生は、解答を直接書き込むか、子どもに文字を教えて書かせる。

問題の例

①そらから おちてくる なみだは なあに？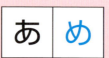

②じめんに トンネルを ほる ちいさな むしは なあに？

③せっけんを つかうと ぶくぶく でてくるもの なあに？

留意点
■ 子どもが文字を想起できないときは書いてあげたり、五十音表(25ページ参照)で示したりするなど、あまり苦しませないように想起の手がかりを与えるようにする。

支援教材 なぞなぞあいうえお

13_なぞなぞあいうえお.pdf

特長

意味の推測が必要な文を読み取りながら、類推力、読解力、語彙力を身につけていく学習。語頭の音が五十音で統一されており、想起の手がかりとなっている。また、語頭の文字をくり返し確認し、文字の定着をめざす活動。

いつ使用する？

▶ 通級指導教室での個別指導で
▶ 家庭学習で

2 「書く」ことにつまずく子ども

なぞなぞ あいうえお

① ゆびの さきに あって

子どもがヒントをもらいたい場所を指定し、先生は直接書き込んだり、横に書いて子どもに書かせたりする。五十音で示してもよい

② がっこうで つかう いすと なかよしの もの なあに？

③ みずの なかに いとを たらして すること なあに？

④ よる そらに ぽっかり うかぶ もの なあに？

⑤ ほそい いっぽんあしで たっている とりは なあに？

「"らりるれろ"のどれかを入れると答えになるよ」というようにヒント自体が音韻操作になるように指導するのも効果的

なぞなぞ あいうえお

① ゆでると こしをまげて あかくなるもの なあに？

② くらい ところで みる おはなし なあに？
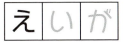

③ せが たかくて あたまの てっぺんから けむりを だすもの なあに？

④ えを かくときに しぼって つかうもの なあに？

⑤ わらうと ほっぺに できる かわいいもの なあに？

子どもの状況により、絵を描いて示してもよい

---

point ● 解答がわからなくてもすぐに教えるのではなく、子どもが「できた！」という喜びを味わえるようにヒントを与えるなど工夫をしていく。

書く 5 筆圧が安定しない（弱い／強い）

△ 字を書くときの筆圧が弱く（強く）、文字をきちんと書けない

 ▶▶ 〇

指導事例　筆圧に合わせた筆記具を選ぶ

筆圧が弱いとき

手先（とくに親指と人差し指の2本）に力が入りにくかったり、適切な力の配分ができなかったりすると筆圧が弱くなりやすい。

↓

握りやすく、少しの力でもしっかりと字が書ける、濃い鉛筆を選ぶ

筆圧が安定しない子どもの場合、軸が三角形になっている鉛筆が書きやすい場合が多い

筆圧が強いとき

鉛筆の持ち方が正しくなかったり、前屈みで字をのぞき込むようにしているなど、姿勢に問題があると筆圧が強くなりやすい。

↓

姿勢に配慮し、親指と人さし指、中指の3本で持ちやすい鉛筆を選ぶ

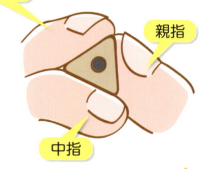

留意点

■ 鉛筆の持ち方だけではなく、字を上からのぞき込んで書いているときなどは、正しい姿勢についての支援をする。

80

支援教材

ippo! 低学年用かきかたえんぴつ［三角］
Yo-i もちかたえんぴつ［三角］

株式会社トンボ鉛筆
http://www.tombow.com/products_type/bringup/#product_type

特長

ippo! 低学年用かきかたえんぴつ［三角］

- 1辺が広い三角軸になっており、持ちやすくしっかり握れるため、鉛筆の持ちはじめやうまく鉛筆を操作できない子どもに適している。
- 通常の鉛筆より15mm短く、子どもの小さな手でも操作しやすい。

通常の長さの鉛筆
低学年用鉛筆

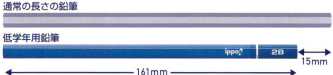

161mm　15mm

Yo-i もちかたえんぴつ［三角］

- 鉛筆に書かれているなみ状のラインに指を合わせると、鉛筆が正しく持て、持ち方の練習ができるようになっている。
- ラインは左利きでも対応できるようになっている。

このような場面で

▶ 通常の学級の書字の場面で

2 「書く」ことにつまずく子ども

point　● 鉛筆は、さまざまなメーカーから豊富に販売されているので、保護者や子どもに鉛筆の種類や適している物などの情報を提供し、家庭でも子どもが使いやすい物を選べるようにするとよい。

81

書く6 文字の形が整わない・マス目からはみ出てしまう ❶

つまずきのようす
△ ものをみる力（視空間把握）が弱かったり、注意がそれやすかったりするため、きちんと手元を意識して書けない

こんな支援を！
○ 書いている感覚を感じとる練習をする

指導事例　感覚を感じとる工夫

さまざまな質感の材料を活用して、「感覚」を意識できるように工夫する。休み時間なども利用し、手に伝わる感覚から、手元を意識できるような体験を増やしていくのもよい。

チョークを使う

地面にチョークで絵や線を描く

指や棒を使う

砂に指や棒を使って文字を書く

留意点
- 書いているときに、ペン先から感覚を感じ取れているかを確認する。必要に応じて、「ガタガタするね」などとことばをかけたり、書くスピードを変えさせたりする。
- 書いているものに注目できているか、そのつど確認しながら行う。

| 支援教材① | 紙やすり |

 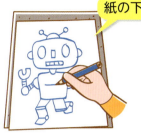

紙の下に敷く

使い方
- 紙やすり（サンドペーパー）を紙の下に敷き、塗り絵や絵を描く（180番ほどの粗さがよい）。

このような場面で
▶ 通常の学級での学習場面で

| 支援教材② | 段ボール紙 |

手に感覚が伝わりやすい

使い方
- 凸凹した段ボール紙に、直接クレヨンなどで絵を描いたり、紙の下に敷いたりする。

このような場面で
▶ 通級指導教室での個別指導で

| 支援教材③ | レインボーペーパーシート |

レインボーペーパーシート　株式会社大創産業
http://www.daiso-sangyo.co.jp/company/index.php

使い方
- レインボーペーパーシートに、直接絵や線を描く。カラフルな色が、描いている物への注目を引き出しやすい。

このような場面で
▶ 通級指導教室での個別指導で

💡 **代替案**

紙にクレヨンを塗り重ね、一番上を黒で塗りつぶして作成し、わりばしやペン状の棒などで描いてもよいでしょう。

2　「書く」ことにつまずく子ども

書く 7 文字の形が整わない・マス目からはみ出てしまう ②

つまずきのようす
△ ノートやプリントに文字を書くとき、手先が不器用でマス目をはみ出す

こんな支援を！
- 指先を細かく動かす練習をする
- 枠を意識する練習をする

指導事例　手元を意識する練習

指先を細かく動かす練習
- 手の小指側の側面を紙につけ、手をその位置から動かさないようにしながら、指先だけ動く範囲の大きさの円やギザギザ線を描く。
- 小さく縮小した塗り絵を塗る。

指先だけを動かす

小指側は紙につけたまま

枠を意識する練習
- 色で強調したマス目や枠、太くした枠、マス目のなかに色をつけた用紙などに文字を書いたり、厚紙でフレームをつくり、そのなかに文字や線を書いたりする。

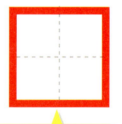

囲みを太くして色で強調　　マスの中に色をつけ見やすく

留意点
- 書くときに腕が動いたり、手首に力が入りすぎたりするときは、大きな動きから細かな動きへと、段階を追って練習するとよい。
- 枠のなかを線で塗りつぶさせたり、枠をなぞって書かせたりして大きさを感じさせるのもよい。

| 支援教材 | **Qフレーム** |

株式会社ゴムQ
http://gomuq.exblog.jp/i4/

「書く」ことにつまずく子ども

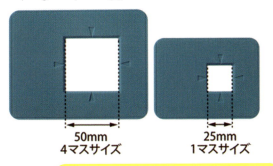

50mm 4マスサイズ　　25mm 1マスサイズ

市販の25mmマスノートに内側のマスを合わせると、外周に掘られた溝にノートのマス目が合うようになっている

横幅を持たせているため、字を書くときに押さえやすい。左利きの場合は、反転すると使用できる

特長

市販の国語8マスノートのマス目の大きさで正方形の穴がくり抜かれており、書き取りや、マス目に合わせ文字を書くことが苦手な子どもに対し「マス目に文字を収める」「文字のバランスをとる」「消しゴムで消す」など、さまざまな練習に対応できる教材。

- 正方形のフレームのフチに鉛筆があたり、文字をマス目からはみ出さずに書くことができる。
- シリコンゴム製のため滑りにくく、フレームの印をマス目に合わせると、子どもでも簡単に使用できる。
- 消しゴムで文字を消すときに、ほかの文字まで消してしまうのを防げる。

このような場面で

▶ 通常の学級での学習場面で

代替案
マス目やノートを厚紙に貼り、マス目部分をくり抜いて作成してもよいでしょう。

point
- マス目のなかに書く文字の量や難易度、マス目の大きさなどは、子どものレベルに合わせて変えるとよい。
- マス目のなかに書く練習だけではなく、年賀状やメッセージカードづくりなどをとおして、きれいに書いたことで「相手に伝わった」という経験や喜びを感じられるようにすると定着につながりやすい。

正しい書き順を覚えられない

つまずきのようす
△ 正しい書き順で覚えられない
△ 文字を順序立てて記憶することが苦手（継次処理の弱さがある）

こんな支援を！ ○ 書く手順を思い出しやすいように、<u>絵描き歌方式で覚える</u>

指導事例　絵描き歌方式で書き順を覚える

活動のウォーミングアップとして、腕を大きく動かして漢字を空書（くうしょ）する「漢字体操」を行う。空書は、視覚刺激として残らないため、画数が少ない漢数字や部首、「艹」「川」「口」「木」といった1年生漢字を扱う。

❶ 学習する漢字の書き順に従って「絵描き歌（歌詞）」を考える。
❷ 先生が、<u>自由に節をつけて絵描き歌を唱えながら</u>、漢字を黒板（またはホワイトボード）に書いて見せる。
❸ 子どもは、先生と歌詞を唱えながら漢字を何度か書いて練習する。
❹ <u>子どもがひとりで唱えながら漢字を書く</u>。思い出せないときは、「書き順シート」（次ページ）を参照する。

絵描き歌の例

たて棒に	➡	日
＋		
カギ棒つけて	➡	日
＋		
ニッと笑って	➡	日
＋		
日曜日！	➡	日

留意点
■ ウォーミングアップの漢字体操（上図）で、運動記憶として「横棒は左から右にひく」「漢字の構成要素も左から右に書く」などのルールを定着させる。

| 支援教材 | 書き順シート |

14_書き順シート.pdf

2 「書く」ことにつまずく子ども

学習する漢字: 日

書き順に分けて歌詞をつくる

たて棒に	日
カギ棒つけて	日
ニッと笑って	日
日曜日！	日

使い方

- 書き順シートは学習漢字すべてを用意するのではなく、子どもが苦手とする漢字で作成する。
- 一画を構成する要素は、子どもと相談し名前をつける（「日」の二画目を「カギ棒」とするなど）。
- 歌詞は一画ずつではなくても、子どもが習得しているまとまりであれば、まとめて表現する（「百」では「日」をまとまりとして扱うなど）。

このような場面で

▶ 新出漢字の学習や作文などで
▶ 家庭学習で

それぞれの書き順がわかるように示す

ハ	公
ム　食べよう	公
公園で	公

絵を加えると、より想起しやすくなる

一（いち）	百
ノ（の）	百
日は	百
百円！	百

point

- 絵描き歌の歌詞は、先生があらかじめ考えておくだけでなく、印象に残りやすくするために子どもと話しながら決めてもよい。
- 当該学年の漢字に取り組む前に、部首や構成要素になることの多い「1年生漢字」の書き順を習得しておくと学習を広げやすい。
- 厚紙で作成してリングで綴じ、覚えた漢字をリングから外すようにすれば参照しやすくなり、徐々に量が少なくなることで学習が進んでいると実感しやすくなる。

書く 9 漢字を覚えて書けない ❶

つまずきのようす
△ 漢字を正確に思い出して書けない
△ 書いている途中で、違う字になってしまう

こんな支援を！ ➡ ◯ <u>漢字の要素や組み立てを言語化して覚える</u>

指導事例　漢字を言語化して覚える

❶ 先生が、画要素や組み立てを言語化させる。

❷ 書き順に沿って漢字の画要素を言い、子どもはそれを反復しながら書く練習をしていく。

例
① ソの
② 王様
③ の(ノ)
④ 目

ソの　王様　の(ノ)
目の　前に**着**く

例
① かさをかぶった
② 王様

かさをかぶった　王様　が
「**全**員集合」と言った

留意点
■ 漢字を画要素に分けることが難しい場合は、あらかじめ「画要素かるた」(次ページ)で分け方を練習する。
■ 視覚認知や視覚記憶に苦手さがあるが、音声記憶は良好である(聞いたことを覚えるのは得意)子どもに有効。

支援教材 — 画要素(かく)かるた

ヒントカード / **漢字カード**（表・裏）

ヒントカード	漢字カード（表）	漢字カード（裏）
いとへん(糸)　色	絶	ぜった(える)
ごんべん(言)　正午の午	許	きょ　ゆる(す)
きへん(木)　じゅう(十)　また(又)	枝	しえだ

> 漢字カードの裏に読み仮名を振っておくと効果的

特長
一つの漢字を画要素に分けて覚える学習。

使い方
- カードを2枚用意し、1枚には漢字と読み仮名を、もう1枚には漢字の要素をヒントとして記入する(扱う漢字は国語学習単元から抜粋する)。
- 漢字カードに対し、ヒントカードを読み上げたり、見せたりして画要素の構成に合う漢字をえらばせる。

このような場面で
▶ 個別指導やグループ指導で

2「書く」ことにつまずく子ども

アレンジ例：指導開始時や指導する間近にゲーム感覚で行ってもよい

(1) **かるた形式**　先生がヒントカードの画要素を読み、子どもはそれを聞いて漢字カードを取る。

(2) **神経衰弱**　カードを机に裏返して並べ、漢字カードとヒントカードが合えばカードをもらえる。

---

point
- あらかじめ漢字の画要素について学習をしておくと、子どもが自分自身で漢字の成り立ちを言語化できるようになる。
- 子どもと一緒に画要素の名前を考えてもよい。

書く 10 漢字を覚えて書けない❷

つまずきのようす
△ 正しい書き順で覚えられない
△ 視覚認知の弱さがあり漢字を覚えられない

こんな支援を！
○ カードを操作しながら文字の構成を学ぶ

指導事例　部分に着目し全体の構成を覚える

手本をよく見て書き写すという方法では習得が難しい場合、以下のような方法で意味づけを行いながら学習するとよい。

部分（パーツ）に着目して文字全体の構成を考える

❶ 先生が、ノートやノートサイズのホワイトボードに学習する文字を書き、子どもに文字をいくつかのまとまりに分けさせる（いくつに分けるかは提示する）。子どもは赤いマーカーで、まとまりを丸く囲む。
❷ 並行して部首の学習を行い、形と一緒に意味も覚える。漢字が一文字記された「漢字カード」（次ページ）で、同じ部首を含む漢字を複数集めて共通点を確認する（「『さんずい』は『水』に関係する漢字」など）。
❸ 文字を構成する部分（部首など）に切り分けられた「漢字パズル」（次ページ）を行いながら、漢字を構成する部分（まとまり）を意識する。
❹ 文字の構成がイメージできるようになったらノートに書いて練習する。

手順を言語化して意味づけしながら覚える

➡ 86ページ「8．正しい書き順を覚えられない」参照

📄 15_漢字分解プリント.pdf

まとまりを囲む

留意点

■ 導入では文字をいきなり書かせるのではなく、部品となっている文字の構成要素の抽出からはじめる。
■ 該当する部分を丸で囲ませるなど、できるだけ筆記の負担が少ない方法で行うとよい。

支援教材① 漢字カード（部首）

16_漢字カード.pdf

部首の部分だけ着色したものを用意してもよい

きへん　くさかんむり　さんずい　にんべん
林　草　海　休

いとへん　ごんべん　うかんむり　てへん
絵　計　家　指
など

文字の構成を捉えやすいように、8センチ角以上の大きさにするとよい

特長
書字に苦手さがある子どもは、書くことに苦手意識を持ちやすいため、筆記用具ではなく、カードを操作して苦手意識を軽減させる。

使い方
●同じ部首の漢字を見つけさせ、漢字の共通点を一緒に確認するなどし、文字の構成をイメージさせる。

2 「書く」ことにつまずく子ども

支援教材② 漢字パズル（部首）

17_漢字パズル.pdf

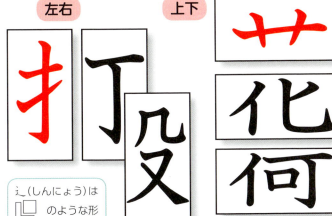

左右　上下

辶(しんにょう)は ⌐⌙ のような形

使い方
●提示された漢字カードを見ながら、漢字パズルで組み合わせを探す。

このような場面で
▶ 通常の学級の新出漢字の学習場面で
▶ 通級指導教室での個別指導で
　マンツーマンや小集団で苦手な課題の補習を行うときに。
▶ 家庭学習で

point ●忘れやすい漢字は、その文字の漢字カードをリングなどで綴じて携帯し、手軽に参照できるようにしておくとよい。

書く 11 漢字を覚えて書けない ❸

つまずきのようす △ 漢字学習のときなどに、読み方は同じだが、異なる意味を表す漢字を書いてしまう

こんな支援を！ ◯ 意味の違いを確認しながら書き分けられるプリントで学習する

指導事例　漢字の意味を意識する

❶ 先生は、同じ読み方だが、意味の異なる漢字を含んだ文章のプリントを用意する。

❷ 子どもは、先生と一緒に意味の違いを確認しながら、正しい漢字を選択する。

❸ 正しい漢字を選んだら、プリントの枠に記入していき、文章を完成させる。

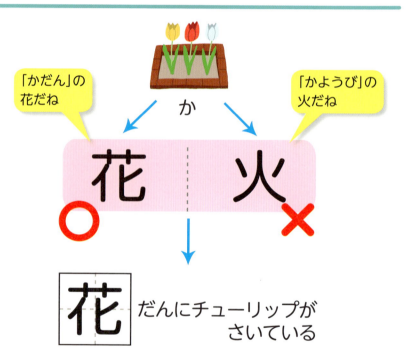

留意点

■ 同じ音の漢字と書き間違う場合には、漢字の三要素（音・形・意味）の「意味」の部分が正しく覚えられていないと考えられる。このような誤りの多い子どもには、絵と漢字を対応させて漢字の「意味」を意識できるようにする。

支援教材 同じ音の漢字プリント

18_同じ音の漢字プリント.pdf

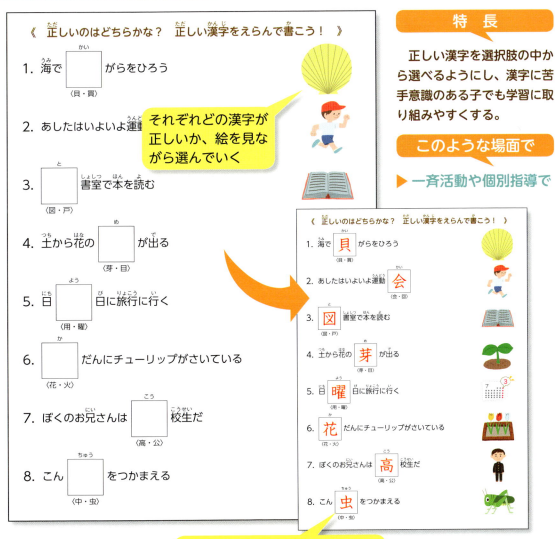

特長

正しい漢字を選択肢の中から選べるようにし、漢字に苦手意識のある子でも学習に取り組みやすくする。

このような場面で

▶ 一斉活動や個別指導で

「書く」ことにつまずく子ども

---

point

- 間違えやすい字を子どもの定着度に合わせてピックアップし、課題を作成していくとよい。
- 学習した漢字を使って短文を作るようにすると、文脈のなかでどの漢字を使うのかをより具体的に理解しやすくなる。
- 意味の違いを確認し、それぞれを使い分ける学習をすることで、パソコンで文章を打ったり、携帯電話でメールを打ったりする際にも正しく変換できるようになる。

書く 12 漢字の字形が整わない

つまずきのようす
△ 筆記をするとき、マス目や行におさまるように書けない

こんな支援を！
○ **モデルを見ながらバランスを把握する**

指導事例　字形をイメージできるよう補助する

❶ 文字全体に対する部首のバランスがわかる「字形バランスカード」を子どもに見せながら、ポイントを口頭で伝える。

> 例）「『うかんむり』は中身がちゃんと入るように、上のほうに平たく書いて横幅をとろうね」など

❷ 「字形バランスカード」を見ながら、マス目が書かれた用紙に、部首をバランスよく書けるように練習する。

❸ バランスよく書けるようになったら、その部首が含まれる漢字をいくつか選び、部首以外の部分を先生がフェルトペンで書き、子どもに部首部分を書き足させる。

❹ 文字全体のバランスが整ってきたら、マス目や罫線のほかに灰色の補助線が入った「字形バランスワークシート」を使って、ノートや作文を書く練習をする。

留意点

■ 字形が整わない背景には、手先の不器用さの問題などがある。文字を書くことに劣等感をもったり、意欲が削がれたりすることにつながるため、整った文字を書くことばかりを求めすぎずに、「字形バランスカード」の枠も、あくまで目安のためはみ出してもよいことを伝える。

■ あくまでも、子どもが書きやすくなるようなサポートを行うという視点で練習する。

支援教材① 字形バランスカード

19_字形バランスカード.pdf

特 長

部首をマス目の外枠ぎりぎりに大きく記し、文字全体から見た位置づけや配分がイメージできるようにする学習。雑でていねいさがない、学習意欲がなく勉強が不得意、空間認知の弱さや手先の不器用さがあるといった子どもに対しても活用できる。

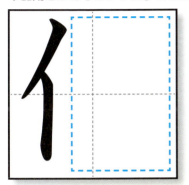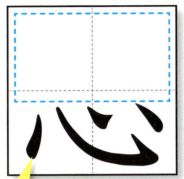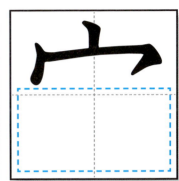

マス目の外枠ぎりぎりに大きく記す

2 「書く」ことにつまずく子ども

支援教材② 字形バランスワークシート

20_字形バランスワークシート.pdf

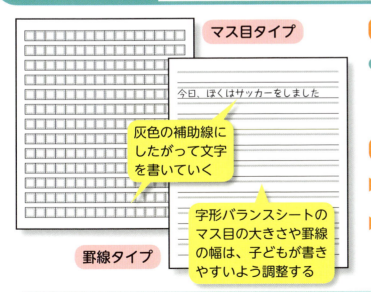

マス目タイプ

灰色の補助線にしたがって文字を書いていく

字形バランスシートのマス目の大きさや罫線の幅は、子どもが書きやすいよう調整する

罫線タイプ

使い方

● マス目（罫線）の内側に灰色の補助線を加え、子どもはその補助線いっぱいにまで文字を書く。

このような場面で

▶ 通常の学級や通級指導教室での学習場面で
▶ 家庭学習で

point
● 字形バランスワークシートを複数枚綴じて、ノートやメモ帳として日常的に活用するのも一つの方法である。

書く 13 漢字の送り仮名が覚えられない

▲ 作文などの課題で漢字を文章中で使用するときに正しい送り仮名を書けない（音韻意識や視覚記憶の弱さがある）

○ 読む、書く、声に出すといったさまざまな活動をとおして定着を図る

指導事例　「送り仮名学習シート」で学習する

❶ 「送り仮名学習シート」に、学習する漢字を書かせる。
❷ 記入した漢字の送り仮名をともなう読みを教え、いくつかのことばを子どもに考えさせる。

> 例▶ 遊ぶ　遊ばない　遊ぼう　遊べ　など

❸ 漢字の読み仮名を、漢字の右脇のマス目に色ペンで書かせる。
❹ 考えたことばの送り仮名部分を「送り仮名学習シート」の下部のマス目に鉛筆（黒）で記入させる。
❺ 「送り仮名学習シート」の赤線部分を山折にして下部を見えないようにし、漢字部分の読みを強調するようにシートを見ながら子どもと何度も音読する。

> 例▶ 「あそ、あそ、あそ…ぶ！　あそ、あそ、あそ…ばない！」

● 送り仮名の1文字目が共通する漢字については、とくに漢字部分の読みを強調して覚えさせるようにする。

> 例▶ 楽しい　「たの、たの、たの…しい！　たの、たの、たの…しくない！」

送り仮名を書かせた際、共通するひらがなに色づけしてもよい

| 支援教材 | 送り仮名学習シート |

使い方

- 学習する漢字と読み仮名を書かせる。
- 考えた送り仮名を、鉛筆で記入させる。
- 赤線部分を山折にして下部が見えないようにし、くり返し音読練習をする。

折ってくり返し提示して練習する

- 送り仮名の一文字目が共通するときは、色づけをするなど強調して覚えさせる。

このような場面で

▶ 通常の学級の新出漢字の学習場面で
▶ 通級指導教室での個別指導で
　マンツーマンで苦手な学習の指導を受けるような機会に行う。
▶ 家庭学習で

読み仮名を色ペンで書かせる

考えた送り仮名を書かせる

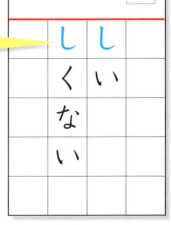

1文字目が共通するときは色づけするなど強調して覚えさせる

「書く」ことにつまずく子ども ②

point ● 先生と子どもで、同時に声をそろえて漢字部分を唱え、3回目に思い思いの送り仮名を言い、「同じことばを言えたら1得点」といったゲーム形式にしてもよい。クラス全体で楽しい雰囲気で行ったり、授業以外の時間に行ってもよい。

書く 14

見て書くことが難しい ❶
単語をまとまりで覚えて書けない

△ 板書を写すのに時間がかかる

△ 単語のまとまりをイメージできず、一文字一文字思い起こすなど、単語を覚えておくことが苦手

○ 絵カードを使い単語をまとまりで意識させる

指導事例　カードを使い視写する練習

絵カードを使い単語ごとにまとめて書くための意識づけを行う。

❶ 先生が短文を提示する。
❷ その下に単語のまとまりを意識できるよう、絵カードを提示する。
❸ 子どもはそれをもとに、文章をまとまりで書くよう練習する。

活動になれてきたら、写すべきことばをラインマーカーなどで単語ごとに強調し、その部分をまとまりとして意識できるような指導へ進めていく。

黒板に短文を書く

そのとき、カエルが　ケロケロと、なきながら　ピョンと、とびました

マーカーで単語ごとに強調する

留意点

■ まとまりを意識させることが重要なので、正しく書くことには重点を置かない(少々の誤りは許容する)。
■ 文字想起の弱い子どもにとっては、課題そのものが適さない場合もある。

| 支援教材 | **名詞・動詞単語絵カード** |

名詞カード

動詞カード

使い方

- 短文を単語のまとまりに分けたカードを作成する。
- 子どもの状況にあわせて、手元において視写するか、または板書を写させて使用する。
- 子どもの好きなキャラクターを使ったり、4コマ漫画などでコマごとに切り取ったものを作成しても有効である。

2 「書く」ことにつまずく子ども

短文に合わせて作成したカードを組み合わせて提示する

動作を表す絵カード

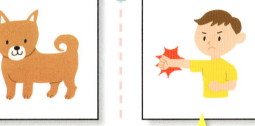

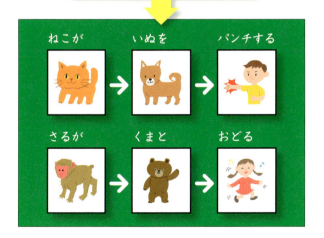

苦手意識の強い子どもには、まず手元においてはじめるのがよい

このような場面で

▶ 通級指導教室での個別指導で

point
- まとまりを意識できたときは、本人が実感を持てるよう認めていく。
- 国語などの教科書の文章を使い、この活動を予習として取り組むと、通常の学級でのスムーズな学習につなげることができる。

書く 15　見て書くことが難しい❷
黒板のどこを見るのかわからない

つまずきのようす
- △ 授業中、板書を写したり、連絡帳を書いたりすることが難しい
- △ 落ち着きがなく、黒板などに集中できない

こんな支援を！
○ <u>わかりやすい板書の工夫をしたり、書く量を減らしたりする</u>

指導事例　書きやすくなる工夫をする

板書の工夫をする

❶ 板書をわかりやすくする。
❷ 板書内容を子どものノート形式で書いておき、手元に見本として置く。

- 板書の量は少なめにする
- 行間をあける
- ことばや文章は短く、簡潔に
- 写す部分を色チョークで囲む
など

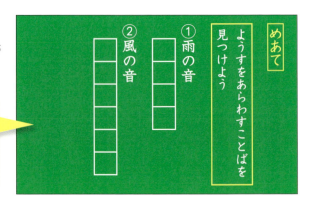

書く量を減らす

❶ 板書内容を記入したワークシートを用意し、穴埋め式で書かせる。
❷ プリントや友だちのノートをコピーし、ノートに貼ってもよいことにする。

留意点

■ 子どもによっては黒板が見えやすい位置が違うため、<u>席はなるべく前にするか、状況によって子どもと相談しながら決める</u>。

■ 声に出して読みながら、文章を書くほうが書きやすい子どももいる。板書するべきところを<u>音読させてから書かせる</u>と、迷わず書きはじめられる場合もあるので配慮する。

支援教材① 穴埋め式ワークシート

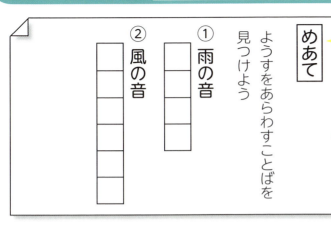

板書する内容をプリントしたワークシートに穴埋めで記入していく

そのままノートに貼ってもよいようにする

支援教材② 穴埋め式連絡帳

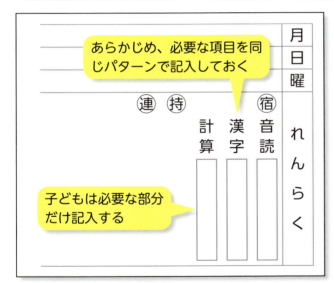

あらかじめ、必要な項目を同じパターンで記入しておく

子どもは必要な部分だけ記入する

特長

- あらかじめ、項目が記入されたフォームを使わせることで、必要箇所だけの記入ですむ。
- 書き写す内容を同じパターンで提示すると、注意しやすくなる。

このような場面で

▶ 連絡帳を書くときに
▶ 通常の学級での一斉指導で

2「書く」ことにつまずく子ども

point

- 乱雑な字でも、まずは書いたことを認める。
- 授業の流れをなるべく同じパターンにし、書く活動が授業のどこに入るのか見通しがもてるようになると注意が向きやすくなる。
- 連絡帳への記入では、書き写す内容を同じパターンで提示する。
- 穴埋め式のオリジナル連絡帳を準備し、書く量を減らしてあげると意欲が持続しやすくなる。

書く 16 聞いて書くことが難しい

つまずきのようす
- △ 「りょこう」を「よこう」、「うどん」を「んどん」などと書き間違える
- △ 単語のなかの1音1音を聞き分けられず書き間違える

こんな支援を！ ➡ 〇 <u>音を聞き分ける練習をする</u>

指導事例　音で区切って聞き分ける練習

step1
1. 先生が、「りょこう」「どりょく」など、「りょ（拗音）」が入った単語を区切りながらスピーチホースを使い、ゆっくり発音する。
2. 子どもはスピーチホースを耳にあて、区切りの何番目に「りょ」があるか聞き、並んでいるカップの「りょ」の場所におはじきを入れる。

step2
1. 「りょ・りょ」と同じに聞こえた場合
   ➡ 「同じ」と書いたカップにおはじきを入れる。
2. 「りょ・わ」「よ・りょ」など違って聞こえた場合
   ➡ 違うと書いたカップにおはじきを入れる。

step3
● 「りょかん・りょかん」「よかん・りょかん」など間違う音の入った単語について、同じか違うか聞き分けを行う。

step4
● 「りょこう」「りょかん」などの単語をゆっくり発音して聞かせ、文字を書かせる。「う」と「ん」など、ほかの文字についても、同じ手順で進めていく。

支援教材① スピーチホース

ホースを用意し、両側に「ろうと」をつける

使い方
- 音の聞き分けが難しい子ども対し、先生がスピーチホースを口に当てて発音し、子どもは反対側を耳に当てて聞くことで、一つ一つの音が聞き取りやすくなる。

このような場面で
▶ 通級指導教室での個別指導で

支援教材② 聞き分けシート

使い方
- 単語を音で分け、その音の数だけ聞き分けシートを用意する。

例 「りんご」ならば、「り」「ん」「ご」と3文字分
➡ 3枚のカードを用意する

- 「ん」の聞き分けならば、先生が「ん」と言ったと感じた場所のシートにシールを貼る。

子どもの興味に合わせて、虫の名前なら虫カゴの聞き分けシートを用意するなど、シートやシールを変えるとよい。

先生が「ん」といった場所にシールを貼る

① り 　② ん 　③ ご

point
- 左ページの指導実例では、それぞれの段階で時間が必要になるため、カップやおはじきを絵やシールに変えたり、空き缶に磁石をつけたりするなどし、意欲を持続して取り組めるよう工夫する。

書く 17 作文が書けない ❶

つまずきのようす △ 作文や日記を書くときに、内容を順序立てたり、事実をうまくとらえたりすることができない

 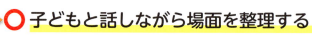

こんな支援を！ ➡ ○ 子どもと話しながら場面を整理する

指導事例　「作文メモ」で場面を整理する

❶ 子どもが体験したことなどを先生に話す。
❷ 話した内容を「いつ」「どこで」「だれが」「なぜ」「なんのため」の項目に分けて、作文メモシートに書き込んでいく。
❸ 順番を考えて、項目に分けた場面に番号を振る。
❹ 先生と子どもで、はじまりと終わりの文章についてどのような内容にするかを一緒に考える。
❺ 子どもは作文用紙に、はじまりの文章から書く。そのとき、次の場面の項目を見ながら、必要な接続詞などについても先生と一緒に考えながら進めていく。
❻ 終わりの文章まで書き終えたら、最初から最後まで声に出して読む。
❼ 先生は、作文が書けたことをほめて次回への自信につなげる。

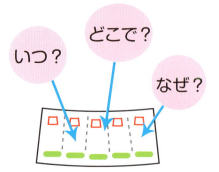

留意点
■ 子どもによっては、話した内容以外の文章（接続詞やはじまり、終わりの文章など）を先生が書き、子どもはそれを見ながら書くという対応も必要。

支援教材 作文メモシート

使い方

- 話した内容を「いつ」「どこで」「だれが」「なぜ」「なんのため」の項目に分けて書き込む。
- いくつかの内容を書く場合は、上の項目をさらに5項目に分けて書いていく。
- メモから文章にする際に、会話や感じたことが書かれているときは、子どもにかぎかっこ(「」)の使い方や、どの部分で書くのかなどを確認してから書かせる。
- 場面の順番を決め、作文を書く手がかりにする。

「書く」ことにつまずく子ども

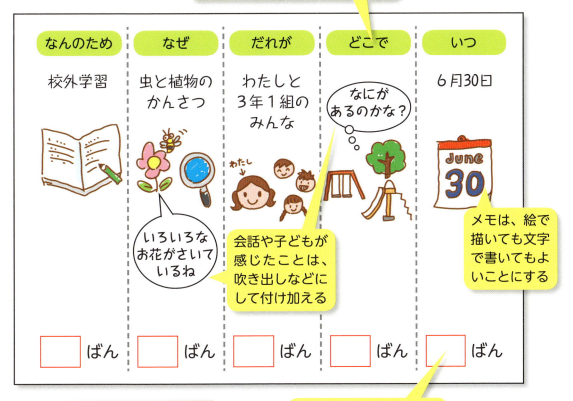

このような場面で

▶ 通常の学級での一斉指導や家庭学習で

point
- 学校行事を題材にする場合、しおりや写真などがあれば、見ながら話すとイメージを持たせやすい。

書く 18 作文が書けない ❷

つまずきのようす
△ 日記や作文などでテーマを決められなかったり、何を書いたらよいかわからなかったりする
△ 書くことに抵抗感があり、書きはじめても続かない

こんな支援を！ ▶ ○ 話している内容を「書く」につなげる

指導事例　「フセン作文メモ」で場面を整理する

❶ 子どもが作文にしたい「テーマ」について先生と「おしゃべり」をする。先生は、書くときに必要な内容が網羅されるよう、意図的にやりとりをする。

> **例**　「いつ」「だれと」「どこで」「なにを」「どのように」「どんなようす」「なぜ」「なんていったの」「どうおもったの」　など

❷ 先生は、子どもが話す内容をフセン紙にメモしていく。メモする内容は、子どものレベルに合わせて決める。

- 文章でメモをするか（写せばよい状態）
- 単語だけでメモをするか（キーワード）

> 文章になっているほうが書くときの負担が少ないので、苦手意識が強い子どもには文章でのメモがよい

❸ 時間軸に沿ってフセン紙を並べ替える。
❹ フセン紙メモを見ながら作文を書いていく。

留意点

■ 書けなくても、話したいことならあるという子どもは多い。書く前に話して事柄を想起させることが大切である。
■ 「おしゃべり」が進まなかったり、事柄を思い出せなかったりする子どももいるが、その場合は関連する絵や写真、体験を思い出す手がかりとなる物などがあるとよい。

支援教材　フセン作文メモ

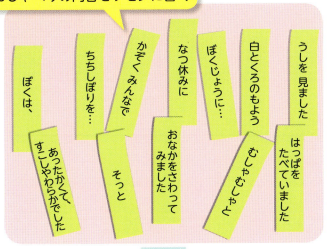

おしゃべりの内容をフセンに書く

並べ替え

時間軸

時間軸にそって並べていく

特長

テーマについての意図的なやり取りで、文章にしたい場面を整理していく活動。フセン紙で作成すると、順番を考えるときに何度も貼り替えられる。

- 子どもと体験を共有できるときは、「五感」を働かせて記憶するような具体的なことばがけ（問いかけ・代弁）が大切。
  - 「何を食べているのかな？」
  - 「たくさん食べているね、むしゃむしゃ食べているね」
  - 「そっとさわってみようか」
  - 「どんな感じ？」「あったかいね」「やわらかいね」　など

このような場面で

▶ 作文を書くときに
▶ スピーチ原稿を作るときに
▶ 家庭で日記を書くときに
メモは保護者が作成する。

「書く」ことにつまずく子ども

point

- はじめは先生や親がメモをしながら会話を進め、徐々に自分でメモが作れるように支援していく。
- 話したい（伝えたい）ことがあれば作文は書けることを経験させ、自信をつけさせていく。

書く 19 句読点が抜ける ❶

つまずきのようす
- △ 作文や記録を取っている場面で、文章の区切りで句点をつけるというルールがわからない
- △ 相手意識を持って文章を書くことが苦手

こんな支援を！ ▶ ○ **文章の区切りごとに句点を入れるルールを教える**

指導事例　句点の必要性を感じさせる

❶ 句点のない文章のプリントを用意して先生が音読し、子どもは文章の区切りに印をつける。

❷ 次に、子ども自身が音読し、❶と同様に自分で文章の区切りに印をつける（区切りがないと読みにくいということを実感させる）。

❸ 再度音読させ、句点の位置（❶の区切り）で「マル」と声に出させる。

❹ ❶❷をある程度くり返し行ったあと、句点を意識させながら文章を書かせる。

区切りがないと読みにくいということを実感させる

句点の位置で「マル」と声に出して言わせる

留意点
- 読み書きの困難さがあり、読むことや書くことに抵抗感が強い子どもには、適さない指導なので注意する。
- 活動のなかで、自分が書いた文章を読む相手が読みやすいかどうかを意識させることが重要。

支援教材　句点のない文章

特　長

読みにくさを解消するために、句点が重要であると気づかせ、書いたときには、それを読む相手を意識して書くことの重要性に気づかせる活動。

使い方

- 教科書など、学年相当の文章から句読点を抜いて、プリントにして提示する。
- 音読し（または子どもに音読させ）、句点の位置に印をつけさせる。

句点をすべて除いた文章でプリント作成する

するとぼうし屋さんはおやおやと思いま
したきつねの手ですきつねの手が手ぶく
ろをくれと言うのですこれはきっとこの
葉で買いに来たんだなと思いました

出典：新美南吉『手袋を買いに』

するとぼうし屋さんはおやおやと思いま
したきつねの手ですきつねの手が手ぶく
ろをくれと言うのですこれはきっとこの
葉で買いに来たんだなと思いました

子どもは句点の部分に印をつける

point

- 句点で練習したあとで、読点についても同様に指導するのが望ましい。

このような場面で

▶ 通級指導教室での個別指導で

書く 20 句読点が抜ける❷

つまずきのようす
△ 読点がないと意味が変わってくるということを理解していない
△ 相手意識を持って文章を書くことが苦手

こんな支援を！ ➡ ○ **読点を入れることで意味が変わることを理解させる**

指導事例　読点の必要性を感じさせる

❶ 読点の位置で、文章の意味が変わる文章があることを子どもと確認する。

❷ 読点の重要性を確認したうえで、子どもに読点のない文章を読ませ、息の切れるところ・区切ると意味の通るところで印をつけさせる。

❸ 1文50〜60文字、読点1〜2か所を目安に読点をつけることを意識をさせながら、作文などの課題に取り組む。書く際にも、いったん頭のなかで文章を音読させ、読点を意識させて書かせる。

 ここからさきはきものをぬいでください

- ここから先、はきものをぬいでください

- ここから先は、着物をぬいでください

留意点
■ 自分で書いた文章を声に出して読ませ、読み手を意識させることが重要。
■ 読み書きの困難さがあり、読むことや書くことに抵抗感が強い子どもには、適さない指導なので注意する。

支援教材　読点で意味が変わる文章

特長

　読点の位置によって、文章の意味が変わってくること、書いたときには、それを読む相手がいるということを意識して書くことの重要性に気づかせる活動。

読点で意味の変わる文章の例

きょうはあめがふる
てんきではない

→ きょうは雨が降る天気ではない

→ きょうは雨が降る天気ではない

まどからおりてくび
をいためた

→ まどから降り手首をいためた

→ まどから降りて首をいためた

ここからさきはきも
のをぬいでください

→ ここから先はきものをぬいでください

→ ここから先は着物をぬいでください

区切ると意味の通るところに印をつけさせる

このような場面で

▶ 通級指導教室での個別指導で

point

● 読点の指導の前に、句点について学習するのが望ましい。

2 「書く」ことにつまずく子ども

保護者や通常の学級の担任とうまく連携するために

 ### 支援方針を一貫させる

子どもたちへの個別場面での指導において、保護者や通常学級の担任との連携はとても大切です。それは、子どもが生活するすべての場所で、支援の方針が一貫している必要があるからです。

もちろん、指導のしかた、接し方はそれぞれの場で違うこともあるでしょう。しかし、方針が変わってはいけません。方針が変わると、子どもが混乱してしまいます。

同じ方針で子どもと向き合うために、どのような工夫が必要でしょうか。それにはまず、保護者や学級担任が子どもについて、どのように見ているか、何に困っているかをよく聞くことが大切です。個別に話を聞く機会を持ってもよいですし、三者が一緒に話す機会を持ってもよいでしょう。話しやすい環境で、一定の時間を確保して聞きましょう。

また、保護者や学級担任からの話を聞いたうえで、子どもの指導目標の共有が重要です。「足し算のくり上がりが覚えられない」としたら、「足し算のくり上がりがどの程度できるようにしたいか」について話し合いを持ちましょう。100％完璧にできることは難しいかもしれません。ですので、80％程度を目標にするとしたら、それぞれの場（個別指導の場、通常の学級、家庭）ではどんな指導をすればよいかを考えます。

家庭では、そのほかの生活もあるわけですから、保護者の負担にならない程度に配慮する必要があるでしょう。通常の学級でも、できることとできないことがありますので、何に配慮するかを検討し、内容を絞っておくことが必要です。

 ### それぞれの思いを共有する

このような話し合いを十分にできることが大切だと考えますが、言い換えれば、このような状況こそ「うまく連携している」といえるのではないでしょうか。連携できているということは、情報が十分共有でき、それぞれの場でできることを話し合えていること、そして目標に向けてそれぞれにできる支援をしていこうと思えることだと考えます。

まずは、お互いの思いを話し合い、そして子どもはいま何ができて、何ができないかを共有することに取り組んでみてください。それぞれの立場で、子どもの成長を願っている、その思いを共有することが連携のスタートです。

いれかえてみよう！

45_ふろく5.pdf

文字をいれかえてことばをみつけましょう。

どうぶつ

ぐらも ➡ ☐☐☐　　ままうし ➡ ☐☐☐☐

やさい・くだもの

もんれ ➡ ☐☐☐　　いはくさ ➡ ☐☐☐☐

こんいだ ➡ ☐☐☐☐　　にじんん ➡ ☐☐☐☐

たべもの

そきばや ➡ ☐☐☐☐　　やたきこ ➡ ☐☐☐☐

めやだきま ➡ ☐☐☐☐☐

けとほっきー ➡ ☐☐☐☐☐☐

のりもの

てちかつ ➡ ☐☐☐☐　　うこきひ ➡ ☐☐☐☐

しゃてんじ ➡ ☐☐☐☐

んかしせんん ➡ ☐☐☐☐☐

うしゃぼうしょ ➡ ☐☐☐☐☐☐

たすっーとこじぇー ➡ ☐☐☐☐☐☐☐☐

ことばなぞなぞ

46_ふろく6.pdf

文を読んで答えをかんがえてみましょう。

1. 「うし」のさいしょに「ぼ」をつけると？　　☐うし
2. 「ぼう」のさいしょに「てつ」をつけると？　　☐☐ぼう
3. 「パン」のさいごに「だ」をつけると？　　パン☐
4. 「おか」のまんなかに「な」がはいると？　　お☐か
5. 「ちず」のまんなかに「ながいぼう」がはいると？　　チ☐ズ
6. 「まち」のまんなかに「ちいさいつ」がはいると？　　マ☐チ
7. 「すすめ」のまんなかに「てんてん」をつけると？　　す☐め
8. 「こばん」のはじめのじを「か」にかえると？　　☐ばん
9. 「こたえ」のさいごのじを「つ」にかえると？　　こた☐
10. 「きつつき」の「きつ」を「もち」にかえると？　　☐☐つき
11. 「イギリス」の「イ」を「キリ」にかえると？　　☐☐ギリス
12. 「フランスパン」の「ンス」を「イ」にかえると？　　フラ☐パン
13. 「スペード」のどれかを「ピ」にかえると？　　☐☐ー☐
14. 「ろけっと」のどれかを「ぼ」にかえると？　　☐☐ッ☐
15. 「こばん」の「てんてん」をべつのじにつけかえると？　　☐☐ん

114

ふろく7 ことばをみつけよう！

問題に答えてことばをみつけましょう。

ヒント ひるまに、ひととあったら？

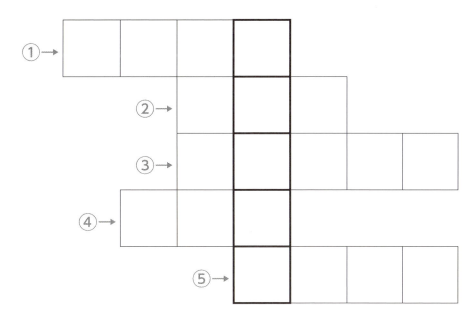

① くつを いれておく ところです。

② せなかに のせてもらう ことを いいます。

③ タッチを されないように にげる あそびです。

④ いりぐち から はいって ここから でます。

⑤ てを たたいて おとを だすことです。

答え

PDF
48_ふろく8.pdf

ふろく 8

きょうは、なにを書く？

書くことをきめて文章にしてみましょう。

月　　日　　きぶん（てんき　　　　）名前

☐ きょう、べんきょうしたこと	☐ 休み時間に、あそんだこと
☐ きょうのあさ、したこと	☐ きょう、学校であったこと
☐ いえで、あそんだこと	☐ テレビで、みたこと
☐ じぶんが、いま書きたいこと	☐ こんどの休みに、したいこと
☐ たのしかったこと	☐ しゃべったこと

どうして？ 「計算する」ことにつまずく子ども

こんなことに困っている！

暗算ができない
簡単な計算も暗算ができずに指を使って数える

くり上がりやくり下がりができない
筆算の途中でくり上がりやくり下がりを忘れてしまう

単位が覚えられない
単位の概念を理解できず、覚えられない

定規などの目盛りが読めない
細かい目盛りを集中して見たり、見分けたりすることが難しい

check こんなようすもみられます

- 数え間違いをする
- 筆算ができない
- 10以上の数を数えられない
- 数を「量」としてとらえられない
- 計算に時間がかかる
- 九九が覚えられない
- かけ算や割り算ができない
- 図形の角度、辺や面をイメージできない

3 「計算する」ことにつまずく子ども

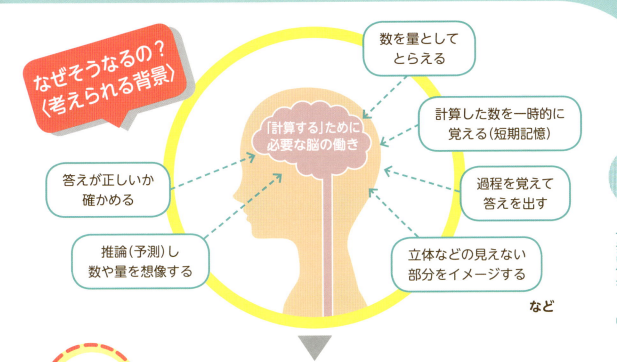

なぜそうなるの？〈考えられる背景〉

「計算する」ために必要な脳の働き
- 数を量としてとらえる
- 計算した数を一時的に覚える（短期記憶）
- 過程を覚えて答えを出す
- 立体などの見えない部分をイメージする
- 推論（予測）し数や量を想像する
- 答えが正しいか確かめる

など

計算することにつまずくのは…

情報処理機能の一部が未発達なため、空間認知や短期記憶、記憶力や想像力などに不具合がある

　簡単な足し算や引き算でも、指を使わないと計算できない、図形や単位など目に見えないものを想像するのが難しいなど、「計算する」ことにつまずいてしまう子どもがいます。

　つまずき方や不得意の程度には、さまざまなケースがあります。そのため必要な支援も子どもにより異なります。

　数の概念がつかめない子どもには、数字や量を視覚的に示すとよいでしょう。また、算数は速く解くことを求められがちですが、スピードよりもじっくり取り組ませて、正しい答えを考えさせることが大切です。

　わからないまま放置され、適切な支援がされずに失敗が続くと、子どもはどんどん追い込まれ、「頑張ってもどうせできない」などと、意欲をなくし投げやりになってしまうこともあるでしょう。できるだけ早く子どもの困難に気がつき、それぞれの実態にあった支援を行うことが大切です。

計算 1　数を正しく唱えられない

つまずきのようす

△ 数字を唱えたり数えたりしているときに飛ばしてしまう
（「21・22・24・25…」など）

△ 数字の順番を正確に覚えられない
（十の位、一の位の増えるしくみなど）

こんな支援を！ ▶ ◯ 書いて、見て、確認しながら数字の配列の規則性を覚える

指導事例　配列の規則性に気づかせる

❶ 子どもに数を数えさせて、飛ばしてしまう数字を確認する。

❷ １〜50までの数字が規則的に配列されている「数のプリント １」を提示し、空いているマスに数字を唱えながら書き入れるようにうながす。その際、縦横の数字の変化に気づかせ、十の位、一の位の増えるしくみに注目させる。

❸ 次に「数のプリント ２」で、１つずつランダムに伝えられた数字を探して「◯」で囲む。どうすれば早くできるか、配列の規則性に気づけるようにうながす。

❶の確認で、混乱してしまう数字が、いつも似ている音の数字の場合

「にじゅうし」「にじゅうしち」

聞き分けやすい読み方に言い換えて定着を図る

「にじゅうよん」「にじゅうなな」

うながし方の例
- 一の位は、列毎に同じであること、十の位は行毎に同じであることを、マーカーなどをつけて着目させる
- 「にじゅう」「さんじゅう」などと言われた瞬間にその行へ注目するようにする
- ５より小さい数は左側、大きい数は右側に位置していると、体感的に気づかせる　など

留意点
■「すごろく」や「おはじき」などをくり返し数えたり、聞いたりして覚える活動だけでは数字の順番が定着しにくい子どもに対しては、順を視覚化していく。

支援教材	数のプリント

23_数のプリント.pdf

数のプリント1

1	2	3	4	5	6	7	8	9	10
11	12	13	14	15	16				20
				25					30
				35					40
				45					50

日づけ＿＿＿＿月＿＿＿＿日
記ろく＿＿＿＿分＿＿＿＿秒

空いているマスに順番に数字を書き込む

数のプリント2

1	2	3	4	5	6	7	8	9	10
11	12	13	14	15	16	17	18	19	20
21	22	23	24	25	26	27	28	29	30
31	32	33	34	35	36	37	38	39	40
41	42	43	44	45	46	47	48	49	50

日づけ＿＿＿＿月＿＿＿＿日
記ろく＿＿＿＿分＿＿＿＿秒

先生から伝えられた数字を探し、「〇」で囲む

特　長

「数のプリント1」は穴埋め、「数のプリント2」は言われた数字を探しながら数字を記入していき、配列の規則性を覚えていく活動。

使い方

数のプリント1：穴埋め
- 声にだして唱えながら、空いているマスに数字を書き入れていく。

数のプリント2：数字探し
- 先生からランダムに伝えられた数字を探し、見つけたら「〇」で囲んでいく。

- どちらも目標を決め、タイムを計って練習していく。

このような場面で

▶ 通級指導教室での個別指導で

「計算する」ことにつまずく子ども

point
- 数字の順番の規則性に本人自身が気づき、確認できることが重要である。
- タイムを計って記録したり、目標タイムを決めたりするなどして、本人がだんだん速く正確に取り組めるようになっていると実感できるようにする。

計算 2 数を数えたり、覚えたりすることが難しい

つまずきのようす
- △ 算数の授業や給食の配膳場面などで、「1人○個ずつ」などと予想することが難しい
- △ パッと見て数を把握できず、「1、2……」などと数唱して数える

こんな支援を！ ▶ ○ 瞬時に数を把握する練習をする

指導事例　ゲーム感覚で数を把握する練習

算数に対して苦手意識を持っている子どもに対し、「算数」に取り組んでいるという意識を強く持たせずに数の把握を練習させる。

❶ 1～10までの数字を印に置き換えた「数字ビットカード」を作成しゲームを行う。
- カードを裏側にしてランダムに配置する。
- 先生と子どもで同時に表に返し、それぞれの数字を言う。
- 数が多かったほうがポイントをもらえる。
- 再度、ランダムにカードを配置しなおして行う。子どものモチベーションに合わせて回数を検討していく。

❷ 少しずつ瞬時に数を把握できるよう練習していく。

留意点
- 算数の基礎となる部分なので、ていねいなくり返しが重要である。
- 数字ビットカードを提示するときには、提示する方向を一定にするとよい。慣れてきたら、徐々にランダムに配置するようにしていく。
- 知的な遅れが大きい子どもの場合は、5以下の数字からはじめ、指を活用するのが適当な場合もある。

支援教材　数字ビットカード

24_数字ビットカード.pdf

1～10までの数字を印に置き換えたカード

ビットの配置が一定であり、大きさはトランプ程度のため、まとめて視野に入りやすい

 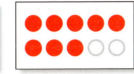

特　長

算数の基礎となる数の把握を、継続してくり返し学習していけるよう、ゲーム感覚で行う活動。

使い方

- 「数字ビットカード」を連続で提示する。
- ビットの数を声に出して言わせる（指で数えてもよいことにする）。
- 慣れてきたら、先生とカードを提示し合って、どちらの数が多いか競うなどゲームを行う。
- 徐々に、数えなくても数の把握ができるように練習していく。

このような場面で

▶ 通級指導教室での個別指導で

3　「計算する」ことにつまずく子ども

同じ方向で提示　　**タテや逆さまにして提示する**

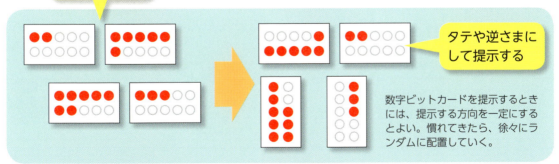

数字ビットカードを提示するときには、提示する方向を一定にするとよい。慣れてきたら、徐々にランダムに配置していく。

point
- 同じような困難を持つ子どもどうしでペアを組み、お互いの困難を共有しつつ、遊び感覚で進めてもよい。
- 10の合成・分解の取り組みへ発展させられる。

計算 3 数を量としてとらえられない

つまずきのようす
- △ 数の大小判断に時間がかかったり、正しく判断したりすることが難しい
- △ 数量のおよその感覚がつかめない
  （10の半分が5、20の半分が10、100の半分が50など）

こんな支援を！
- ○ 10進法の読み方や表記の方法について指導する
- ○ 数字と量が対応できるように指導する

指導事例　数量の感覚を理解する

　数字を順番に唱えられても数量の大小理解に結びつきにくい子どもに、大きさの変化が視覚的にわかりやすいシートやカードなどを提示し、並べたり比べたりしながら指導していく。

視覚的にわかりやすくする工夫

- 量が増えるごとに色の異なる階段状のシートを作成し、大きさの変化を見てわかりやすくする（「数の階段シート」：右図）。
- 位別に数を分解し、読み方や量をわかりやすくする（支援教材①「重ねて数字カード」：次ページ参照）。
- 2、4、6、8……（2とび）や5、10、15、20……（5とび）で数を数えさせるとき、いくつとばしをしているのかが思い出せるよう、鉛筆サックに絵をつける（支援教材②「とびキャップ」：次ページ参照）。
- 100が10の重なりだとわかるよう、10のマスが積み上がっているようなイメージを提示する（支援教材③「100タワーシート」：126ページ参照）。

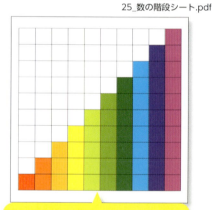

25_数の階段シート.pdf

1～10までのかたまりを、それぞれ色を変えて提示する

留意点
■ 数と量がうまく対応しない場合は、数字や数を順番に唱えることが優先されて、十進法や表記上の規則、具体物とのすりあわせがうまくできていない場合が多い。そこで、数を量化して表したり、数直線に表したりすることが有効である。

| 支援教材① | **重ねて数字カード** |

26_重ねて数字カード.pdf

> 例 「3849」という数字の列が「三千八百四十九」という読み方や量を示していると理解しにくい場合

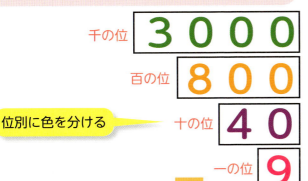

位別に色を分ける

重ねて提示する

特長
学習で扱う数が大きくなると量的な理解が難しくなる場合に、位取りのしくみを色分けし、重ねて提示して理解をうながす教材。

使い方
- それぞれの位で数字の色を変えて、大きい位のカードが下になるように重ねて提示する。
- ラミネートしたり、プラスチックで作るとよい。

| 支援教材② | **とびキャップ** |

27_とびキャップ.pdf

2とび：ウサギの耳2本から「2」を想起
5とび：ゴリラの「ゴ」から「5」を想起
10とび：おまんじゅうの「じゅう」から「10」を想起
　　　　（じゅう、にじゅう……と数える音とも同じ）

特長
ワーキングメモリー*が弱かったり、数を量としてとらえられなかったりして自分がいくつとばして進んでいるのかわからなくなりやすい場合、語呂合わせで数字を想起しやすいような絵を貼り、自分で思い出せる工夫をする。

使い方
- とばす数字を想起できるような絵を鉛筆キャップに貼る。
- 数えていて、いくつとばすのか忘れたときに見て確認する。

3 「計算する」ことにつまずく子ども

※ワーキングメモリー：情報を処理するために、一時的に保たれる作業記憶のこと

| 支援教材③ | **100タワーシート** |

28_100タワーシート.pdf

step1
すべての数字が入っている

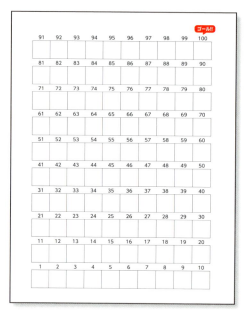

step2
残った数字をヒントに数を書いていく

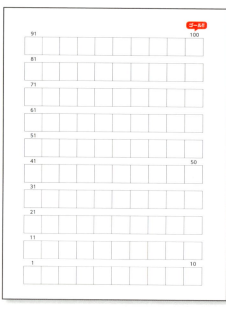

step3
1から100までを書き入れる

特　長

数の順序は理解しているが、量的な概念が習得しにくい場合に、100が階段状に増えていくことに気づかせる指導。

使い方

● 「100は、階段状にマスが10階積み上がっている」というイメージを提示するため、10マスを横に並べ、縦に10列積み重ねたプリントを用意する。

● 記載された数字を見ながら100までの数字を記入していく。

● 徐々にヒントの数字のみ残したシートへの記入にステップアップしていく。

● 最終的にマス目だけのシートに自分で数字を考えて書き入れさせる。

このような場面で

▶ 通常の学級での
　一斉指導や授業導入時に
▶ 少人数指導や個別指導で

point
● 数量概念の定着は算数学習の大切な部分なため、時期や頻度を考慮した反復した指導が大切。

計算 4

10の合成・分解が難しい❶

つまずきのようす △ 10の合成や分解の学習（「10は5と□」「3と□で10」など）の際に、手指を使っても理解しにくい

こんな支援を！ ◯ **具体物などを用いて手指や体を動かしながら覚える**

指導事例　「10」のまとまりを具体物で指導する

　おはじきなどの具体物を用いて10の合成・分解の指導を行っても、「学ぶ」のではなく「数える」という操作活動になってしまう子どもに、「10という数がひとまとまりになっている」とわかるような指導を行う。

❶ 曲がるストローを10本用意し、飲み口のほうの部分をまとめて画用紙などでくるむ。
❷ 10本を分解する数で分けて折り曲げていき、視覚的に合成・分解の量感をつかんでいく。

　同時に、歌を歌いながら、手指を動かしながらなど、体を動かして学習するのも効果的。

歌いながら学習する例
『きらきら星』の替え歌に合わせて操作する
10は1と9に　2と8にも分けられて　3と7にも分けられて
4と6にも分けられる　半分ずつなら5と5だよ　10をふたつに分けてみよう

留意点
■ 10のまとまりが意識できていない子どもに多くみられる傾向として、数字と数量が対応するということが理解できていない場合が多く、数字のみの操作になりやすい。量感をつかむ感覚を育てるように工夫する必要がある。

3 「計算する」ことにつまずく子ども

支援教材①　コキコキストロー

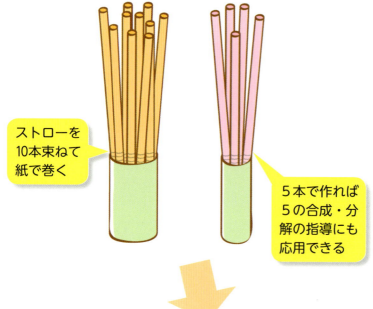

ストローを10本束ねて紙で巻く

5本で作れば5の合成・分解の指導にも応用できる

特長

ストローを折り曲げて合成・分解の感覚をつかませる。

● ストローを傾けるときに鳴る「コキッ」という音と、曲げた感触が手に伝わるため、「分けている」という実感がともないやすい。

このような場面で

▶ 特別支援学級や個別指導、少人数指導、通級指導教室の指導で

巻いた部分を持って、10を分解する

「コキッ」という感触が手に伝わり、分けていることを実感しやすい

point　● 学習の初期段階では、子どもの理解に時間がかかることも多いが、学習を重ねるうちに無意識的にできるようになっていくので、指導者も焦らずに指導を続けていくことが大切。

支援教材② 数字量感パズル

特長

数の順序性は理解できても、「2は1が2つぶん」「3は1が3つぶん」というように、数の順に数量も増えていくとイメージしにくい子どもに、10の分解を視覚的に提示する指導。

使い方

- 1～10の数を書いた同じ比率で長くなっていくカードを用意する。
- カードの裏に、その全体の量を表す数字を書く。
- 「10」のカードの隣に、「2と8」や「6と4」など合わせて「10」になるようにカードを並べ、10の合成・分解を視覚的に提示する。
- 10以外にも、4は「2と2」、6は「3と3」などと、合成できる数字を探しながら学習してもよい。
- 足し算の指導にも活用できる。

このような場面で

▶ **特別支援学級や個別指導、少人数指導、通級指導教室での指導で**

▶ **通常の学級での一斉指導で**
とくに授業の導入部で使用すると効果的。

「計算する」ことにつまずく子ども

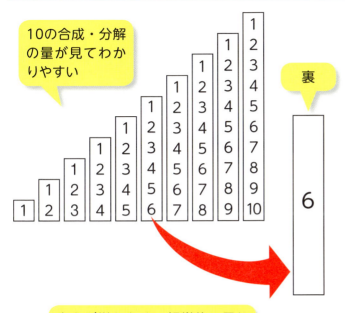

10の合成・分解の量が見てわかりやすい

裏

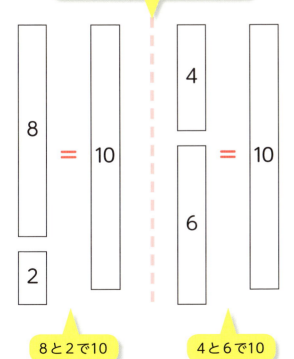

高さが揃うため、視覚的に同じ大きさであると確認できる

8と2で10　　4と6で10

計算 5 10の合成・分解が難しい❷

つまずきのようす
- △ 10の合成や分解の学習（「2と□で10」「10は6と□」など）の問題でつまずく
- △ 具体物を使いくり返し練習しても理解ができない

こんな支援を！
○ 目で見て把握しやすい「5」の単位を基に「10」の合成・分解の理解へつなげる

指導事例　5の合成・分解を理解する

「10の合成・分解」でつまずく子どもは、「5の合成・分解」がイメージできていなかったり、把握したりするのに時間がかかる場合が多いため、10の合成・分解を学ぶ前に、5の合成・分解がスムーズにできるまで十分に練習する。

❶ 5個のビー玉を、透明な蓋つきのケースに入れる。
❷ コルクで低めの仕切り板をつくり、ケースの中央に入れる。
❸ ケースを上下に振り、ビー玉を動かす。手前側に見えているビー玉の数から、裏に隠れているビー玉の数を推測する。
❹ くり返し取り組み、5の合成分解を理解していく。

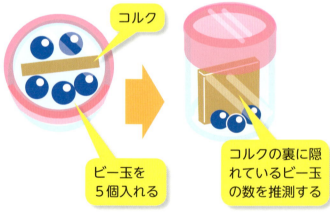

コルク
ビー玉を5個入れる
コルクの裏に隠れているビー玉の数を推測する

「カラン！カラン！」という大きな音がして、子どもたちの注目を引くのに効果的

留意点
■ 1列が10個で構成されているブロックなどでは、数を瞬時に把握することが難しく、数えているうちに「合成・分解」という本来の目的が抜けてしまう場合がある。パッと見て把握できる数量（ここでは「5」）を使い、段階をふまえて獲得させていく必要がある。

支援教材① ハリガリ

アミーゴ社（ドイツ）　販売元：株式会社エルフ
http://www.elfnet.co.jp/

特　長
5の補数を瞬時に捉えられるよう練習する教材。

使い方
- いろいろな果物が1枚に1〜5個ずつ描かれているカードを並べ、1人ずつ順番に表にしていく。
- 同じ果物が合計5個になったらベルを鳴らす。
- ベルを鳴らした人は、それまでめくられたカードをすべて取ることができるというルールで枚数を競い合う。

支援教材② ピンポンたまごパック

10個入りのたまごパック

ピンポン玉をパックの穴に入れる

特　長
5の合成・分解を理解したあとに行う。「10」までの数を「5×2列」としてイメージさせて10の合成・分解へとつなげる学習。

使い方
- 10個入りのたまごパックにピンポン玉を入れ、10は5×2列ということを視覚的に提示する。
- ピンポン玉の数を変えて数字ビットカード（123ページ参照）のように活用してもよい。

このような場面で
▶ 通常の学級でのグループ指導や一斉指導で
▶ 通級指導教室での個別指導で

point　勝敗が決まるゲームを使い学習する場合は、子どもが適度にモチベーションを維持できるよう、指導者側は手加減してあげたり、相手の組み合わせをかえるなど、子どもが楽しく継続できるよう取り組ませていく。

計算 6 引き算の意味がわからない

つまずきのようす
△ 「引く」ということばの意味と計算方法がつながらない

こんな支援を！
○ 「引く」=「少なくなる」「減る」というイメージを定着させる

指導事例　数の順序や量の概念を定着させる

❶ 引き算の導入として、5までの数の順序や量の概念が育っているか確かめながら、以下のような方法で5までの計算を指導する。

- 5までの数字がかかれたカードを作り、小さいほうから並べたり大きいほうから並べたりしながら、「数の順序」を定着させていく。

- 数には量があり、「順序に従って増えていく」と理解しているかどうか確かめながら、数の階段（124ページ参照）などを用いて、階段のように量が増えていくことを学習する。

- 5までの数直線を作成し、右に進むと「増える」左に進むと「減る」という感覚を身につけさせる。

❷ 5までの数量概念の定着を図りながら、続けて「引き算」の指導をしていく（次ページ参照）。

留意点

■ 引き算の学習場面で用いられる「違いはいくつ」「どれだけ多い」「引く」などのことばや言い回しは、日常場面ではあまり使われないため、計算の方法とつながらない場合もある。指導中は「大きくなる」「小さくなる」という表現よりも、「増える」「減る」といった表現を意図的に使うようにする。

132

支援教材 | **見え〜る引き算**（引っ張ると少なくなる引き算）

「引く」というイメージを子どもがつかめない場合

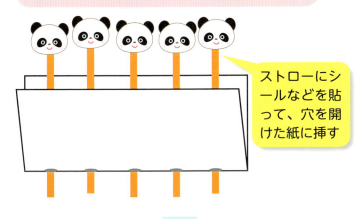

ストローにシールなどを貼って、穴を開けた紙に挿す

↓

「手で引っ張る」「引く」という動作から、具体物の「少なくなる」「減る」が見えるような指導をする

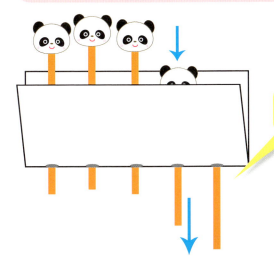

手で「引く」とパンダが見えなくなり、視覚的にも「減る」ことがわかる

特長

「引き算とは、数が減少すること」というイメージが持ちにくい子どもに、実際に手で「引く」という動作を通じてイメージを持たせる指導。

使い方

● 棒やストローを5本用意し、先に子どもの好きなキャラクターや動物などのシールを貼る。

● 紙に穴を5つ開け、折りたたんでストローを挿す。

● 子どもにストローを引かせ、今まで見えていたパンダが少なくなることから「引く」＝「減る」が同義的な意味であることを理解させ、「引き算」の理解につなげる。

このような場面で

▶ 特別支援学級や個別指導、少人数指導、通級指導教室での指導で
▶ 引き算の初期段階の指導で

point
● 大きな教材を作成し、通常の学級における一斉指導にも使用できる。授業の導入部で使用することで、「引く」という意味の理解をうながすことができる。
● 動作化させることで、計算の基本的な内容を理解しやすくなる。

3 「計算する」ことにつまずく子ども

計算7 くり上がり・くり下がりの計算が難しい

つまずきのようす
- △ くり上がり・くり下がりの基本的な計算法が理解できない
- △ 計算の方法は理解していても、計算中に数を覚えておくことが難しい

こんな支援を！ ▶ ○ 計算法と計算に必要な考え方を練習する

指導事例　色を手がかりに計算の順番を覚える

❶ 計算方法の手順がわかるプリントを用意する。
❷ プリントを用いながら子どもに計算方法を説明し、示された順番どおりに計算させる。
❸ プリントがなくても計算ができるようになるまで練習する。

くり上がりプリント

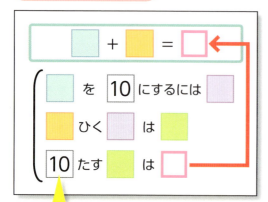

「10」と計算の答えを足すと、この式の解答になることを教える

くり下がりプリント

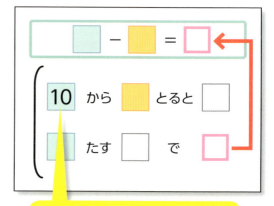

「10」から分けた数と計算の答えを足すと、この式の解答になることを教える

留意点
■ クラス全員がプリントを用いることを認め、教材を活用しやすい雰囲気をつくるとよい。

| 支援教材 | **筆算順番シート** |

30_筆算順番シート.pdf

くり上がり

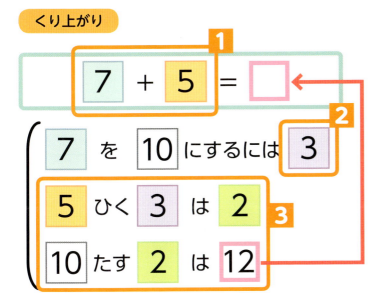

使い方

[くり上がり]

例 くり上がりの式〈7＋5〉

① **1**の枠に式を写す。
② 「7を10にするにはいくついりますか」と質問し、**2**の枠に答えを書かせる。
③ **3**の枠に、それぞれ同じ色の枠に入っている数字を書かせ、計算させる。
④ 10とその答えを足すと、この式の解答になることを教える。

[くり下がり]

例 くり下がりの式〈14－8〉

① **1**の枠に式を写す。
② 「14は10といくつに分けられますか」と質問し、10と4に分けさせ**2**の枠に書かせる。
③ **3**の枠にそれぞれ同じ色の枠に入っている数字を書かせ、計算させる。
④ 10から分けた数の4と、その答えを足すと、この式の解答になることを教える。

くり下がり

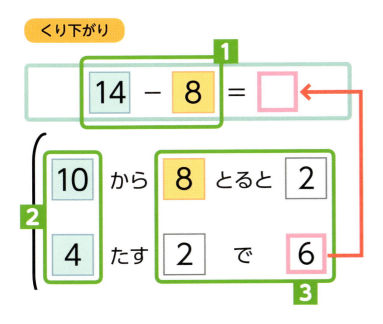

このような場面で

▶ 通常の学級の一斉指導や個別指導で

point ● 計算方法が自然と定着するまでプリントを使わせてあげることが大切。

「計算する」ことにつまずく子ども

計算 8 　10のまとまりで暗算ができない❶

つまずきのようす　△ 100までの数の加減（「30＋40」や「60－20」など）の暗算につまずく

こんな支援を！　○ <u>数字と数量を一致させられるような支援を行う</u>

指導事例　10のまとまりを理解させる

「10とび」で数える練習
● 10と書かれたカードを作成して一列に並べ、子どもはそれを見ながら「10、20、30…」とくり返し唱え、「10とび」がスムーズに数えられるようにする。

位取り表で計算する
● 段ボールで、位取り表を作成する。
● 「10」のシールを貼った押しピンを用意する。
● 位取り表に押しピンを張りつけたり、取り外したりして計算していく。

代替案　ホワイトボードとマグネットで作成してもよいでしょう。

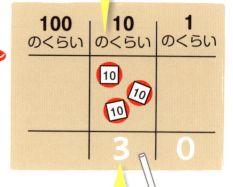

付けたり外したりを体感でき、計算の内容を実感することができる

下の部分に数字をチョークで書き込んでもよい

留意点
■ 数量概念が形成されにくかったり、音韻認識が弱かったりすると、10のまとまりを暗算することが難しくなる傾向が見られる。

| 支援教材 | **10のまとまりブック** |

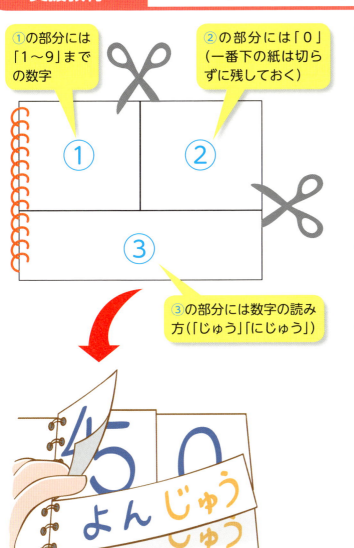

①の部分には「1〜9」までの数字

②の部分には「0」（一番下の紙は切らずに残しておく）

③の部分には数字の読み方（「じゅう」「にじゅう」）

スケッチブックをめくり、くり返し数字を読む練習ができる

特長

10とびで数えている途中で、どこまで数えたかわからなくなったり、「30」と「10と10と10（10が3つ）」が同じであると理解できなかったりする場合に、10をまとまりでとらえられるようにする学習。

使い方

● スケッチブックを止め金具の部分は切り離さずに、図のように3つに分ける。

● ページをめくりながら、くり返し学習する。

● 数量と数字の表記が一致しにくい子どもの指導にも活用できる。

このような場面で

▶ 特別支援学級や個別指導、少人数指導、通級指導教室での指導で

point
● 位取り表は大きいものを作成し、通常の学級における一斉指導にも使用できる。とくに授業の導入部で使用すると、数量感覚を育てることができる。

3 「計算する」ことにつまずく子ども

計算 9

10のまとまりで暗算ができない❷

つまずきのようす
△ 100までの数の加減（「30＋40」や「60－20」など）の暗算につまずく
△ 数字と数量の理解が定着しない

こんな支援を！ ▶ ○ **筆算の指導から暗算へとつなげていく**

指導事例　位どうしの計算に注目させ暗算へつなげる

十の位にマーカーを引いて注目させる

● 教科書などで、横式での計算方法（「10＋30」「50－40」など）が提示されたときに、十の位の数にマーカーで色づけし、十の位どうしの数字を足したり引いたりすることに注目できるようにする。

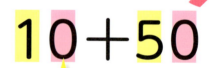

一の位、十の位で分けて色をつける

筆算をとおして暗算を覚える

● 上記のように教科書の工夫などでも定着が難しい場合は、横式を筆算に書き直した形で指導する。
● 暗算を最終目標としながらも、筆算を指導することも一つの手段とし、筆算形式を知ることで十の位どうし、一の位どうしを計算することに気づかせ、暗算につなげていく。

留意点

■ 暗算ができるようにするためには、その指導以前に、習得に必要な能力を整えたうえでの基礎内容の指導と、それを無意識的に行えるようにすることが必要。一度、できない問題のくり返しの指導から離れ、問題を解くために必要になる、要素的な内容が理解できているかを確認するとよい。

| 支援教材 | **横式変換シート** |

31_横式変換シート.pdf

特長

暗算が定着しない子どもに対して、筆算の形式をとおして暗算の理解につなげていく学習。

教科書の工夫などでも10をまとまりで理解することが難しい

↓

筆算の指導をとおして暗算を理解していく

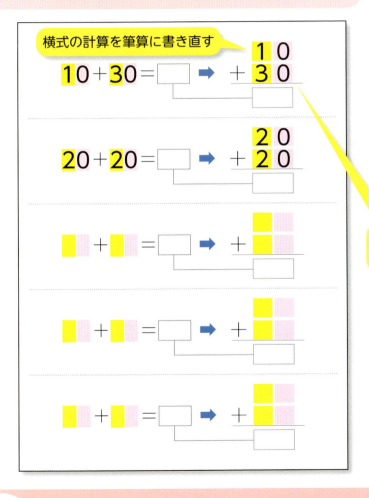

使い方

① 教科書などで提示される横式を、「横式変換シート」で筆算に書き直させる。

② 十の位どうし、一の位どうしを筆算で計算させる。

③ 筆算に慣れてきたら、横式の暗算を練習していく。

このような場面で

▶ 特別支援学級や個別指導、少人数指導、通級指導教室での指導で

3 「計算する」ことにつまずく子ども

point ●「10、20、30……」などと、10とびの数がスムーズに数えられ、筆算での計算ができるようになると、暗算へも移行しやすくなる。

計算 10 九九が覚えられない ❶

つまずきの ようす　△ 九九が正確に唱えられない

こんな支援を！　➡　○ **ゲームをとおして、楽しみながらくり返し取り組む**

指導事例　わからない段で九九シートを作る

❶ 子どもが誤りやすい九九の段を確認し、その段で九九シートを作成する。

> 例　3・4・6・7・8・9の6つの段がわからなければ、わからない6段×6段で作成する（次ページ参照）

❷ 数字を隠すキャップ（丸い形に切った紙でもよい）を作成し、答えとなる数字の上に、まばらになるよう置いていく。

❸ 残りのキャップを2～3人程度で同じ枚数に分けて持ち、順番に2つのサイコロを振る。

❹ 2つのサイコロの出た目どうしをかけたところの数字を答える。

- **数字の上にキャップがあった場合**➡隠れている九九の答えが言えればキャップがもらえる
- **数字の上にキャップがなかった場合**➡手持ちのキャップをその位置に置く

❺ 最後に一番多くキャップを持っていた人が勝ち。

留意点

■ まずは楽しみながら取り組み、くり返し見たり声に出したりしながら行うことが大切なので、九九の答えがすぐに出ない子どもの場合は、必要に応じて別の九九表を参照させたり、教えたりしながら行うようにする。

■ 終了のしかたは、1人あたりの回数や時間で区切るなど状況に応じて工夫する。

| 支援教材 | 九九シート |

32_九九シート.pdf

サイコロは100円ショップなどで立方体の積木を購入し、段と連動させてそれぞれ作成する。九九シートの段の数字は、サイコロに合わせて色を変える。

特長

ゲームをとおして楽しみながら九九の計算を行い、見る・聞く・唱える・予測することの反復回数を増やしていく活動。

×	6	8	3	7	4	9
6		48		42		54
8	48		24		32	
3		24	21		27	
7	42		21		28	
4		32		28		36
9	54		27		36	

誤りやすい九九の段を自由な順番に並べる

まばらになるようキャップを置く

使い方

● ジャンケンで順番を決め、2つのサイコロを振る。

● サイコロの出た目どうしをかけたところの九九を答えられれば、キャップがもらえる。

● 制限時間になるか、参加者のうち1人のキャップがなくなった時点でゲームを終了する。

● 終了時点で一番多くキャップを持っていた人が勝ち。

このような場面で

▶ 通常の学級での
　グループ指導で
▶ 通級指導教室での
　個別指導で

サイコロを振って、それぞれの数がぶつかった所の数字を答える

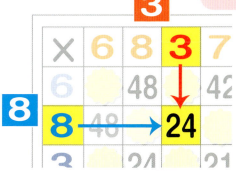

最終的に、キャップが多く手元に残った人が勝ち

3 「計算する」ことにつまずく子ども

計算 11 九九が覚えられない❷

つまずきのようす
△ 九九を暗唱することができない
△ 記憶力や数概念に課題があり、九九の意味づけができない

こんな支援を！
○ 暗唱にこだわらず手がかりを活用する
○ 楽しみながら覚えられる工夫をする

指導事例　かけ算の意味を理解させる工夫

暗唱できることにこだわらない指導方法

暗唱できることを求めすぎて、子どもが「算数ぎらい」にならないような工夫をする。

● 「九九表」(次ページ)を手元において手がかりとし、見なくても思い出せるように練習していく。再生(何もないところから思い出す)よりも、再認(手がかりを使って思い出す)の能力をくり返し、時間をかけて、ゆっくり思い出せるようにしていく。

● 暗唱する量を調整する。

> **例** 片方の段ができれば、もう一方は暗唱できなくてもよいことにする
> ・3×8＝24が言えたら、8×3＝24は暗唱できなくてもよいことにする
> ➡「1〜5の段」か「5〜9の段」のどちらかを覚えればよい　など

楽しみながら覚える工夫

九九は「長い文の暗唱」のため、楽しみながら覚えられる工夫をする。また、子どもの得意な能力には違いがあるため、工夫を複数提示し覚えやすい方法を子どもに選択させる。

● 九九を歌にするなど、メロディを用いて記憶の手助けとする。
● ゲームなどを用いて、楽しみながら計算力を高める。
　＊九九を覚える工夫や学習ゲームは、Webやアプリなどでさまざまなコンテンツが公開されている。

> **留意点**
> ■ 九九は語呂合わせにより計算を速くするメリットはあるが、九九が暗唱できなくてもかけ算の意味がわかれば計算はできると考えることが大切。

支援教材　九九表

33_九九表.pdf

読み方のある九九表

1のだん	2のだん	3のだん
1 × 1 = 1　いん いち が いち	2 × 1 = 2　に いち が に	3 × 1 = 3　さん いち が さん
1 × 2 = 2　いん に が に	2 × 2 = 4　に にん が し	3 × 2 = 6　さん に が ろく
1 × 3 = 3　いん さん が さん	2 × 3 = 6　に さん が ろく	3 × 3 = 9　さ ざん が く
1 × 4 = 4　いん し が し	2 × 4 = 8　に し が はち	3 × 4 = 12　さん し じゅうに
1 × 5 = 5　いん ご が ご	2 × 5 = 10　に ご じゅう	3 × 5 = 15　さん ご じゅうご
1 × 6 = 6　いん ろく が ろく	2 × 6 = 12　に ろく じゅうに	3 × 6 = 18　さぶ ろく じゅうはち
1 × 7 = 7　いん しち が しち	2 × 7 = 14　に しち じゅうし	3 × 7 = 21　さん しち にじゅういち
1 × 8 = 8　いん はち が はち	2 × 8 = 16　に はち じゅうろく	3 × 8 = 24　さん ぱ にじゅうし
1 × 9 = 9　いん く が く	2 × 9 = 18　に く じゅうはち	3 × 9 = 27　さん く にじゅうしち

使い方

● 九九の暗唱が難しい場合に、手元に置いて手がかりにさせる。

● 手がかりを使って、時間をかけてゆっくり覚えてよいことを伝えて取り組ませる。

● 読み方のあるもの、答えのないものなど、子どもの状態にあわせて選び活用していくとよい。

このような場面で

▶ 通常の学級での一斉指導で
▶ 通級指導教室での個別指導で
▶ 家庭学習で

読み方のない九九表

1のだん	2のだん	3のだん
1 × 1 = 1	2 × 1 = 2	3 × 1 = 3
1 × 2 = 2	2 × 2 = 4	3 × 2 = 6
1 × 3 = 3	2 × 3 = 6	3 × 3 = 9
1 × 4 = 4	2 × 4 = 8	3 × 4 = 12
1 × 5 = 5	2 × 5 = 10	3 × 5 = 15
1 × 6 = 6	2 × 6 = 12	3 × 6 = 18
1 × 7 = 7	2 × 7 = 14	3 × 7 = 21
1 × 8 = 8	2 × 8 = 16	3 × 8 = 24
1 × 9 = 9	2 × 9 = 18	3 × 9 = 27

苦手な段のみ切り取ってカードにしてもよい

読み方も答えもない九九表

1のだん	2のだん	3のだん
1 × 1 =	2 × 1 =	3 × 1 =
1 × 2 =	2 × 2 =	3 × 2 =
1 × 3 =	2 × 3 =	3 × 3 =
1 × 4 =	2 × 4 =	3 × 4 =
1 × 5 =	2 × 5 =	3 × 5 =
1 × 6 =	2 × 6 =	3 × 6 =
1 × 7 =	2 × 7 =	3 × 7 =
1 × 8 =	2 × 8 =	3 × 8 =
1 × 9 =	2 × 9 =	3 × 9 =

point　●「暗唱」だけではなく、あくまでかけ算という演算の意味を知り、実際に使用できることを目標に学習していくとよい。

3 「計算する」ことにつまずく子ども

計算 12 筆算をすることが難しい ❶

つまずきのようす
- △ 授業中や宿題などで、筆算の計算間違いが多い
- △ かけ算九九はできているが、筆算ができない
- △ くり上がりやくり下がりの操作につまずく

こんな支援を！
- ○ 計算途中のくり上がりのしかたを工夫する
- ○ 計算式にマス目をつけたり色分けする

指導事例　間違い方に合わせた方法で指導する

❶ 子どもが計算を、どこでどのように間違えているのか確認する（桁の位置がずれる、くり上がりを忘れる、かける順番が異なる、九九ができない　など）。

❷ 教科書の計算方法の解説ではわからない場合に、間違い方に合わせた指導方法を実践する。

例 くり下がりのある引き算の筆算で、減加法で指導しても習得が難しい
→ 減減法（引いてさらに引く）での指導
① 引かれる数の一の位に合わせて、引く数を分解する
② 引かれるほうの一の位を相殺する
③ 残りの数を引く

①引くほうの数を分解
②一の位を相殺
残りの数を10から引く

例 かけ算の筆算で、途中でくり上がりの足し算を間違う
→ くり上がりの足し算を途中で行わない指導
① 数字を書き込む場所に注意させながら、先にかけ算だけ計算していく
② 最後にすべての数字を足し合わせる

最後にすべての数字を足し合わせる

留意点
■ 計算の採点などをする際にも、なぜ間違っているのか、どこで間違っているのかに注目することが大切。間違い方を見極めると、どのような指導や支援が必要かわかる。

| 支援教材 | **筆算プリント❶** |

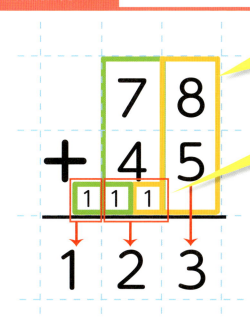

計算する場所がわかりやすいような色分けやマス

マスに書いておいたくり上がりの数を最後に加える方法で計算する

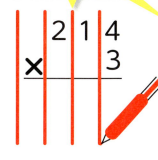

マス目や罫線を書く

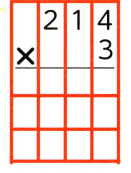

縦横にマス目があると、どの部分に書いたらよいかがわかり、桁がずれにくくなる。

厚紙やプラスチック板を使って筆算を記入できる枠を作成し、その中に書かせてもよいでしょう。

特　長

筆算問題の途中で計算方法がわからなくなる子どもに、スペースを視覚的にわかりやすくして指導する。

● 罫線の書かれたプリントで、くり上がりの数を途中で足さず、最後にすべてを加える方法で練習させる。

● 慣れてきたら、日常的に使用するプリントやテストの筆算問題に罫線やマス目を加えさせる。

● 対象の子どもが低学年であったり、手先が不器用など、教師が罫線を書いてあげることが必要な場合もあるが、高学年の場合は自分で罫線を書いて工夫させられるとよい。

このような場面で

▶ 通常の学級の一斉指導や個別指導で

point

● 計算のつまずきは子どもにより異なる。子どもの困り感に対応した指導方法を見極めて実践する。
● 加え足ししない計算方法で学習している子どもには、自分のやり方で正しく計算することが大切であると伝える。

3　「計算する」ことにつまずく子ども

計算 13 筆算をすることが難しい❷

つまずきのようす
△ 2桁以上のかけ算の筆算になると計算できない

こんな支援を！
○ くり上がる数字がわかるプリントで学習する
○ くり上がりを計算しない計算方法を学習する

指導事例　くり上がりを暗記する負担を減らす

教科書どおりの計算方法では、くり上がりの数字を書く位置が定まらずに間違いが多かったり、かけ算と足し算を交互に行ったりすることに難しさのある子どもに使用してもらう。

足し算を最後に一度だけ行う計算法

❶ 7×6＝42と計算し、4を5の下の黄色のマス目に、2を7の下の白いマス目に書き入れる。
❷ 7×3＝21と計算し、2を×の記号の下の黄色のマス目に書き入れ、1を5の下の白いマス目に書き入れる（このとき、足し算は行わない）。
❸ 引続きかけ算を行い、すべて終了した時点で、黄色のマス目と白いマス目の数字を足し算する。

九九の想起や足し算の計算をくり返さないので、かけ算に集中できる。

> くり上がりの数字を書き込め、一時的に記憶せずに計算できるので、教科書どおりにかけ算と足し算をくり返し行う計算方法でも活用できる

支援教材 筆算プリント❷

35_筆算プリント2.pdf

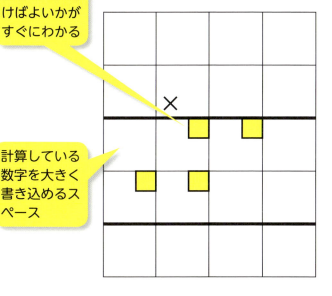

- くり上がりの数をどこに書けばよいかがすぐにわかる
- 計算している数字を大きく書き込めるスペース

かけ算のみを先に行い最後に足し算を行う方法、教科書通りにかけ算と足し算をくり返し行う方法のどちらでも使用できる

使い方

あらかじめマス目の中にくり上がりの数字を書き入れる部分（黄色のマス）を用意し、スムーズに計算ができるようにする。

- 教科書やプリントの筆算問題を書き写す。

- すべてのかけ算を行ってから、最後に足し算を行う方法を用いることによって、ワーキングメモリーの弱さを補うことができる。

- かけ算の筆算の導入時に用いることで、くり上がりの数字を書く位置を決めることができる。

※ワーキングメモリー：
情報を処理するために、一時的に保たれる作業記憶のこと

このような場面で

▶ 特別支援学級や個別指導、通級指導教室、通常の学級、いずれの指導場所でも使用できる

point ● かけ算の筆算に難しさを感じている子どもへの指導の導入として使用するとよい。

留意点

■ 計算の困難さの背景には視覚的な要因や微細運動、ワーキングメモリーの弱さ、手順の記憶の課題など、さまざまな要因が複雑に絡み合っているため、子どものようすをよく観察する。
■ ときには本人とどのような方法がやりやすいかを話し、支援の方法を考えることも必要。支援の方法が指導する側の押しつけにならないよう、子どもとよく相談して決めていく。

3 「計算する」ことにつまずく子ども

計算 14

文章題の理解が難しい ❶ 文章の意味がつかめない

計算はできるが、読み、読解力、文法の理解に課題があり文章題での失敗が多い

○ 文章題の短文を理解できるような支援を行う

指導事例　数量（数詞）の副詞的な使い方を理解させる

❶ はじめに、子どもと一緒に文章題を確認し、副詞的な使い方の理解度を確認する。

文章題での数量の副詞的な理解度例

「ひろみさんは、しんじくんよりミカンを 3個、多く 食べた」

- 「ミカンを　食べた」　　　　　　→ 比較的だれもが理解できる。
- 「ミカンを　3個　食べた」　　　→ 「3個」は「いっぱい」「ちょっと」などという副詞と同様に「食べた」を詳しく説明（修飾）していて難度が高い。
- 「ミカンを　3個　多く　食べた」→ 「3個」が、「多く」と「食べた」の2つを修飾しているため「3個」ということばを知っていても、数量の副詞的な使い方がわからなければ、文章は理解できない。

　　このような文が理解できなければ立式することはできない

❷ 子どもの状況を確認しながら、数量を副詞的に用いた文章に多く触れ、実際に動作化させていく。

留意点

■ 「算数の文章題が理解できない」という状況の背景の一つに「文法の理解ができていない」ことがある。副詞的な表現を用いた文章に多く触れ、実際に動作化させるようにする。

148

動作化の例

数量を扱う文を読む

- 筆箱から、鉛筆を1本出してください
- ひろみさんは、しんじくんよりミカンを2個多く食べた
- おはじきを10個ならべて、そこから3個とりましょう
- この絵の中から、ミカンを4つ○で囲んでください

↓

数量文を動作化する

具体物を使う
- おはじきを10個ならべて、そこから3個とりましょう

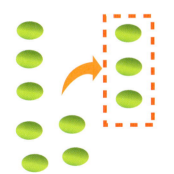

文章と絵を統合させる
- この絵の中から、ミカンを4つ○で囲んでください

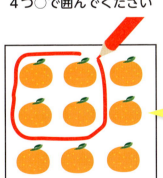

文章と絵を統合させることで、読み取る力を高めることができる

特長

副詞的な表現を多く用いた文章を取り入れながら、内容を理解させて動作化につなげていく指導。

- 数量文のプリントを子どもに読ませたり、先生が読んだりする。
- 数量文のプリントの文章を動作化していく。

このような場面で

▶ 通常の学級での一斉指導（とくに算数）で
▶ 通級指導教室での個別指導で
▶ 家庭学習で

3 「計算する」ことにつまずく子ども

point

- 日常生活のなかでも、意識的に数量を扱う文章を用いたり、動作化していくことが大切。
- とくに低学年では、算数の時間だけではなく学習のなかで数量を扱う教示を心がけるとよい。

計算 15 文章題の理解が難しい❷ 立式ができない

つまずきのようす △ かけ算などの文章題で、問題文を読むことはできても正しく立式ができない

こんな支援を！
- ○ キーワードにマーカーをつける
- ○ 数字を図式化したり、具体物に置き換える
- ○ 数字とともに助数詞を記入するよううながす

指導事例　文章内容をイメージ化して教える

　学年とともに文章構成が複雑になると「あわせて」「ぜんぶで」「のこりは」などキーワードに着目させるだけでは立式が難しくなくなるため、以下の段階をふまえ文章内容をイメージ化する。

❶ **キーワード**：文章題のなかで、立式の「キーワード」となることばを目立たせる。

> **文章題の例**
> 「1ふくろにみかんが3こずつ入っています。4ふくろではぜんぶでなんこになるでしょうか」
>
> キーワード　　キーワード　キーワード

❷ **具体物操作**：問題文を読み、数字を具体物に置き換えさせる
❸ **かけ算の定義の教示**：
　　「1つ分の数」×「いくつ分」＝「ぜんぶの数」というかけ算の定義を教え、数字を確認する。確認したうえで、再び具体物を使って操作させる。
❹ **単位づけ**：数字とともに助数詞を記入させる。

> **留意点**
> ■ 上記❸のように、答えを確認したあとで再び具体物に置き換えさせることにより、「文章→具体物」「具体物→立式」といった反復操作をとおして文章の意味理解を深められるよう意図していく。

🟠 イメージ化の例

step1　文章題のキーワードにマーカーを引き注目させる

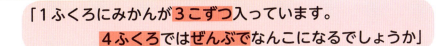

「1ふくろにみかんが **3こずつ** 入っています。
4ふくろ では **ぜんぶで** なんこになるでしょうか」

step2　数字をおはじきやブロックなど具体物に置き換え操作する

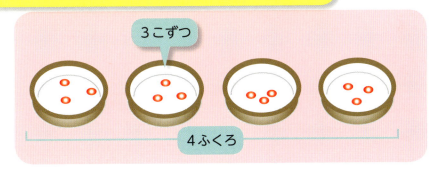

step3　演算の定義を教示する

かけ算の定義を教え、それぞれに当てはまる数字を確認する。その後、「答えは12こだよね」と確認したうえで、再び具体物を使って操作させる。

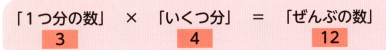

「1つ分の数」　×　「いくつ分」　=　「ぜんぶの数」
　　3　　　　　　　4　　　　　　　12

step4　単位づけ

3（こ）　×　4（ふくろ）　=　12（こ）　　答え　12（こ）

数字とともに助数詞を記入させる

🟢 このような場面で

▶ 通常の学級での一斉指導で　▶ 通級指導教室での個別指導で

point
- 文章中の数字のもつ意味、文章の構成について、操作や助数詞をつける活動をとおし、自然と着目ができるよううながしていくことが必要。
- 具体物や作業スペースについては、本人の不器用さなどへも配慮し操作自体に負荷がかかりすぎないよう工夫していく必要がある。

「計算する」ことにつまずく子ども

計算 16 図形の理解が難しい

つまずきのようす
- △ 図形の問題がわからない
- △ 辺や角など図形の一部に着目できない
- △ 図形を全体像としてとらえられない

こんな支援を！
▶▶ ○ 図形の一部や全体に着目させる

指導事例　図形の構成に着目する

図形の全体と、図形を構成している辺や角、頂点などそれぞれの部分に注目できるような支援をする。

三角形・四角形の指導
- 点がたくさん書かれたプリントを用意し、点と点を結ぶ作業をとおして「三角形」「四角形」の形と特性を確認していく。

平行・垂直の指導
- 小さめのスケッチブックに、向きや配置の平行線、垂直線、交わっている線などのさまざまなパターンを作図し、先生がページをめくりながら指導していく。

直角の指導
- 2直線の開き具合に着目できるよう、また、どのような向きであっても直角が判断できるように、さまざまな角度や「直角」の例をプリントなどで提示し、くり返し指導していく。

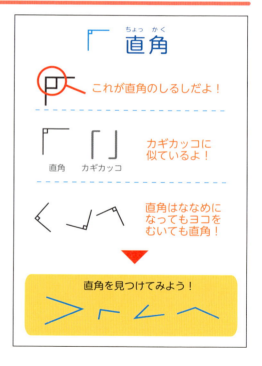

留意点
■ 図形の理解が難しい子どもの場合、部分や全体に注目しにくくなる。図形の構成部分の色や太さを変えたり、大きく見やすい図など視覚的な工夫をして指導する。

支援教材① 図形ブック

子どもの判断速度に合わせてめくる速さを調整する

特長

図の構成への着目が難しい子どもに、くり返し提示することで、図形の判断ができるよう練習していく。

使い方

- 小さめのスケッチブックに平行や垂直の直線、交わっている直線、三角形や四角形、直線などをさまざまな角度、配置で描いておく。
- 先生はページをめくりながら、子どもに線の種類を判断させる。

図形の配置は、さまざまなバリエーションで作成する

37_点シート.pdf

支援教材② 点シート

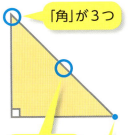

「角」が3つ
「辺」が3つ
「頂点」が3つ

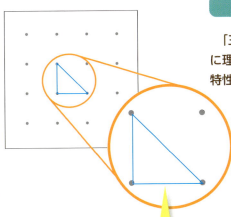

点を3つつなげた形が「三角形」

特長

「三角形」「四角形」を辺、頂点、角とともに理解させるために、点を結びながら形と特性を確認していく指導。

使い方

- 見本を見ながら点を結び、三角形、四角形を作図していく。

このような場面で

▶ 図形学習の導入指導として

point
- くり返し学習し、図形に親しみ、理解が進むと学習が楽しくなる。
- 「わかったからもう指導しない」「わかったからこの学習は終わり」ではなく、対象の子どもに合わせてくり返し指導することが大切。

3 「計算する」ことにつまずく子ども

計算 17 定規の目盛りが読めない

つまずきのようす
- △ 細かい目盛りを集中して読み取ることが難しい
- △ 同じような目盛りを見分けることが難しい
- △ 手先が不器用で測りたいところに定規を置けない

こんな支援を！ ▶ ○ 目盛りが読みやすく、手でおさえやすい定規を使う

指導事例　使いやすい定規を選ぶ

目盛りを読んだり、直線を書いたりすることが難しい子どもは、
- 細かい目盛りを集中して読み取れない。
- 同じような目盛りを見分けられない。
- 手先が不器用なために測りたいところに定規を置くことが難しいため、目盛りを読もうとしたり直線を書こうとしてもずれてしまう。

などといった課題が考えられるため、扱いやすい工夫がされた定規を使わせる。

集中して読み取れる定規
- 目盛りに色をつけるなど、注目しやすい工夫がされたもの。

読みやすい定規
- 目盛りを大きく目立たせたり、傾斜をつけるなどして読みやすく工夫がされたもの。

扱いやすい定規
- ゴムがついていて滑りにくくなっていたり、持ちやすい工夫がされていて、不器用でも扱いやすい工夫がされたもの。

目盛りに色がついている

傾斜がついている

point　● 子どもの状況や作業によって、適した定規を使い分けるようにする。

| 支援教材① | キャッチアップスケール |

新潟精機株式会社
http://www.niigataseiki.co.jp/special_kaidan_cu.html

表

裏

傾斜と点表示

つまんで持ち上げやすくなっている

特長
- 通し数字表示で読み取る数値を間違えにくい。
- 角が起き上がっていて、つまみやすい。
- 側面が面取りされていて、安全に使える。
- 目盛りに傾斜と点表示がついていて、ミリ単位も読みやすくなっている。

いつ使用する？
▶ 算数の時間に

3 「計算する」ことにつまずく子ども

| 支援教材② | ピタットルーラー |

プラムネット株式会社
http://mochi-mono.com/product/pt-ruler15.html

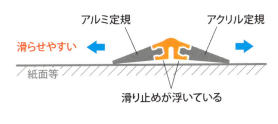
アルミ定規　アクリル定規
滑らせやすい
紙面等
滑り止めが浮いている

上から押さえる
滑らない
紙面等
滑り止めが密着
滑り止めのゴムがついている

特長
- 上から軽く押すと、滑り止めが紙に密着し、定規が滑らず線を引きやすい。
- 紙面上を移動するときは、定規の裏の滑り止めが浮いてスムーズに移動できる。

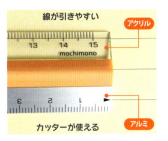
線が引きやすい　アクリル
カッターが使える　アルミ

155

計算 18 単位が覚えられない

つまずきのようす
- 授業で学習した単位が覚えられない
- 単位から相当量を推測することができない

こんな支援を！
○ 具体的な量を想起させながら単位の名称や相当量の推測、換算を覚える

指導事例① 具体的な量を想起しやすくする指導

名前と基本単位の大きさを記憶させる

- 「リットル」「りっとる」「L」などの文字をカードにし、連続して子どもに見せる（「dL」や「mL」も同様に行う）。
- 記号をくり返し書き練習する。
- １Lのペットボトルやパックなどの実物を用いて、およその量感をつかませる。

38_単位カード.pdf

| りっとる | リットル | L |

単位の換算を理解させる

- それぞれの大きさを思い浮かびやすくするために、生き物などにたとえて指導する。

```
L  : ゾウ = 1 L
dL : ネコ = 10dL
mL : アリ = 1000mL
```

→
- ゾウ１匹分は？
  ➡ ネコ10匹分
  ➡ アリ1000匹分

留意点

単位が覚えられない子どもは、単位の名前そのものに馴染みがなかったり、聞き慣れなかったり、発音しにくかったりする場合もある。はじめは単位の名前を正確に理解するところからの指導を心がけるようにする。

支援教材① リットルうちわ

39_リットルうちわ.pdf

「L」の文字＋ゾウのイラスト
「dL」の文字＋ネコのイラスト
「mL」の文字＋アリのイラスト

特　長
単位から相当量を推測しやすいよう具体物を用いて指導する。

使い方
① うちわの面に合わせた画用紙に、イラストと単位をそれぞれ書く。
② 3枚を重ね、めくれるようにうちわの頂点の部分に穴をあけて輪ゴムで止める。
③ 1Lは10dL、1000mLと何度もくり返して見せ、1Lの換算が自然とイメージできるようにする。

3枚を重ねてくり返し見せる

支援教材② 変身カード

40_変身カード.pdf

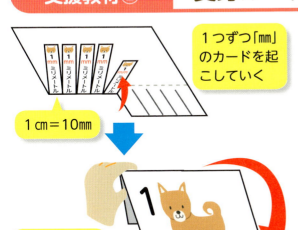

1つずつ「mm」のカードを起こしていく
1cm＝10mm
大きな「cm」に変身させる

使い方
●替え歌と具体物を用いて単位の換算を覚える
『10人のインディアン』などの童謡のメロディにあわせ、「♪1ミリ、2ミリ、3ミリあります…10ミリで1センチメートル」などと歌いながら、カードの切り込み部分を1枚ずつ持ち上げていき、「センチメートル」の歌詞のところで大きな「cm」の側にして変身させる。

このような場面で
▶ 通級指導教室での個別指導で
▶ 通常の学級での一斉指導で

point
● 単位の表現に慣れ親しむことが大切なので、くり返し指導していく。
● 子ども自身に教材を操作させ、楽しんで学習に取り組めるようにするとよい。

3 「計算する」ことにつまずく子ども

執筆者一覧（五十音順）

- 石川　泰子　　小山市立寒川小学校
- 梅本　九哲　　苫小牧市立沼ノ端小学校
- 押野　ゆき子　宇都宮市立宝木小学校
- 我謝　佳奈美　墨田区立押上小学校
- 桂野　文良　　小樽市立潮見台小学校
- 小林　玄　　　立教女学院短期大学
- 齊　葉子　　　札幌市立清田小学校

- 齊藤　代一　　練馬区立北町西小学校
- 高田　保則　　北見市立中央小学校
- 高橋　里子　　小山市立乙女小学校
- 田島　成子　　元足利市立三重小学校
- 冨永　由紀子　鹿沼市立みなみ小学校
- 藤原　千華　　札幌市立真駒内桜山小学校
- 三和　彩　　　美幌療育病院　機能訓練科
- 村井　めぐみ　札幌市立北九条小学校
- 山下　公司　　札幌市立南月寒小学校

参考文献

- 『ICD-10 精神および行動の障害 臨床記述と診断ガイドライン 新訂版』医学書院（2005）
- 『特別支援教育の基礎・基本　共生社会の形成に向けたインクルーシブ教育システムの構築 新訂版』ジアース教育新社（2015）
- 「学習障害児に対する指導について（報告）」学習障害及びこれに類似する学習上の困難を有する児童生徒の指導方法に関する調査研究協力者会議（1999）
- 大石敬子『入門コース ことばの発達と障害　3 ことばの障害の評価と指導』大修館書店（2001）
- 大石敬子「子どもの文字言語の発達とその障害」（『ことばの発達の障害とその指導　講座言語障害児の診断とその指導 第 2 巻』211-233，飯高京子，長崎勤，若葉陽子）学苑社（1988）
- 大石敬子「構成行為、読み書き、算数に学習困難を持つ症例」『LD（学習障害）研究と実践 第 3 巻』22－33，日本LD学会（1994）
- 大石敬子「読み障害児 3 例における読みの障害機構の検討　話し言葉の問題を通して」『LD（学習障害）研究と実践 第 6 巻』31－44，日本LD学会（1997）
- 大石敬子，斉藤佐和子『言語発達障害における音韻の問題　読み書き障害の場合』声言語医学 Vol.40 No.4，378－387，音声言語医学（1999）
- 上野一彦，牟田悦子，宮本信也，熊谷恵子『特別支援教育の理論と実践 Ⅰ概論・アセスメント』特別支援教育士資格認定協会 編／上野一彦，竹田契一，下司昌一 監修　金剛出版（2007）
- 竹田契一，大石敬子，花熊曉『特別支援教育の理論と実践 Ⅱ指導』特別支援教育士資格認定協会 編／上野一彦，下司昌一 監修　金剛出版（2007）
- 下司昌一，緒方明子，里見恵子，小西喜朗『特別支援教育の理論と実践 Ⅲ特別支援教育士（S.E.N.S）の役割・実習』特別支援教育士資格認定協会 編／上野一彦，竹田契一，下司昌一 監修　金剛出版（2007）
- 『LD 児の漢字学習とその支援』小池敏英,雲井未歓,渡邉健治,上野一彦 編著　北大路書房（2002）
- 『特異的発達障害診断・治療のための実践ガイドライン』稲垣真澄著　診断と治療社（2010）
- 『アスペハート28・29・30号』"読む"って、本当は難しい(1)(2)(3)　齊藤真善著　アスペ・エルデの会（2011）
- 永井智香子，守山惠子「『生活漢字』教材作成の試み」長崎大学留学生センター紀要　第 8 号，31－41，長崎大学（2000）

● **編著者**

梅田 真理（うめだ・まり）

宮城教育大学言語障害児教育教員養成課程卒業。岐阜大学教育学部教育専攻科修了。宮城教育大学大学院中退後、宮城県立拓桃養護学校（肢体不自由）へ着任。以降、仙台市内小学校にて知的障害特殊学級、通級指導教室（言語）を担当。2004年より4年間、仙台市健康福祉局・仙台市発達相談支援センターにて主査として学齢期（小〜高）の相談を担当。国立特別支援教育総合研究所発達障害教育情報センター総括研究員、同教育情報部発達障害教育情報センター総括研究員、同教育研修・事業部総括研究員、明治学院大学非常勤講師などを経て、現在、宮城学院女子大学教授。日本LD学会常任理事。特別支援教育士資格認定協会理事、特別支援教育士スーパーバイザー。日本特殊教育学会監事。主な研究内容は、発達障害、保護者支援、教育相談、通級指導教室。共著に『〈実践〉特別支援教育とAT第3集 タブレットPCを教室で使ってみよう！』（明治図書）などがある。

● **イラスト**　　アタフタグラフィックス
　　　　　　　　かたおかともこ
● **編集協力**　　株式会社文研ユニオン
　　　　　　　　本庄奈美
● **編集担当**　　澤幡明子　柳沢裕子（ナツメ出版企画株式会社）

本書に関するお問い合わせは、書名・発行日・該当ページを明記の上、下記のいずれかの方法にてお送りください。電話でのお問い合わせはお受けしておりません。
・ナツメ社webサイトの問い合わせフォーム
　https://www.natsume.co.jp/contact
・FAX（03-3291-1305）
・郵送（下記、ナツメ出版企画株式会社宛て）
なお、回答までに日にちをいただく場合があります。正誤のお問い合わせ以外の書籍内容に関する解説・個別の相談は行っておりません。あらかじめご了承ください。

ナツメ社Webサイト
https://www.natsume.co.jp
書籍の最新情報（正誤情報を含む）は
ナツメ社Webサイトをご覧ください。

CD-ROM付き 特別支援教育をサポートする
読み・書き・計算指導事例集

2016 年 6 月 30 日　初版発行
2022 年 3 月 1 日　第13刷発行

編著者	梅田真理	©Umeda Mari, 2016
発行者	田村正隆	

発行所　　株式会社ナツメ社
　　　　　　東京都千代田区神田神保町1−52　ナツメ社ビル1F（〒101−0051）
　　　　　　電話　03(3291)1257(代表)　　FAX　03(3291)5761
　　　　　　振替　00130−1−58661
制　作　　ナツメ出版企画株式会社
　　　　　　東京都千代田区神田神保町1−52　ナツメ社ビル3F（〒101−0051）
　　　　　　電話　03(3295)3921(代表)
印刷所　　図書印刷株式会社

ISBN978-4-8163-6066-4　　　　　　　　　　　　　　　　Printed in Japan
〈価格はカバーに表示してあります〉〈落丁・乱丁本はお取り替えします〉